核心素养下高中数学课堂教学探索与研究

黄 文 —— 著

民主与建设出版社

·北京·

图书在版编目（CIP）数据

核心素养下高中数学课堂教学探索与研究 / 黄文著
. —北京：民主与建设出版社，2020.7
ISBN 978-7-5139-3019-2

Ⅰ.①核… Ⅱ.①黄… Ⅲ.①中学数学课－课堂教学
－教学研究－高中 Ⅳ.①G633.602

中国版本图书馆 CIP 数据核字（2020）第064419号

核心素养下高中数学课堂教学探索与研究
HEXIN SUYANG XIA GAOZHONG SHUXUE KETANG JIAOXUE TANSUO YU YANJIU

著　　者	黄　文
责任编辑	刘　芳
封面设计	姜　龙
出版发行	民主与建设出版社有限责任公司
电　　话	（010）59417747　59419778
社　　址	北京市海淀区西三环中路 10 号望海楼 E 座 7 层
邮　　编	100142
印　　刷	北京虎彩文化传播有限公司
版　　次	2022 年 6 月第 1 版
印　　次	2022 年 6 月第 1 次印刷
开　　本	710 毫米×1000 毫米　　1/16
印　　张	10.5
字　　数	189 千字
书　　号	ISBN 978-7-5139-3019-2
定　　价	45.00 元

注：如有印、装质量问题，请与出版社联系。

目 录
CONTENTS

第四章

基于核心素养理念的高中数学高效课堂建构策略探索

第五章

核心素养对于教师教育教学发展的要求

第六章

核心素养下高中数学课堂教学的反思

第一章

核心素养背景下高中数学课堂发展现状和趋势

第一节 核心素养与高中数学教学发展

一、数学教学核心素养培养的时代背景

国家公民的核心素养决定了该国家的核心竞争力以及其在国际上所处的地位。中华人民共和国成立以来，随着我国对高精尖科技的不断突破，我国国际地位逐年提升，现已超越日本成为世界第二大经济体。为打造科技强国的形象，"中国制造2025"的战略一经提出，便引起世界各国的高度重视。实际上进入21世纪以来，我国便一直处于科技大跨越式发展的重要历史时期，从通信行业来看我们从2G、3G的学习，到4G的相持，再到5G的引领，表明我国科技进步之快，成为科技强国之决心。这段时期，对各种类型人才的需求也日益专业化、尖端化。这对于高中教育者提出了更高的教学要求。数学是研究数与量，以及空间几何分布形式的一门学科。在大数据及"互联网+"的时代，数学的思维逻辑尤为重要。信息的形成、传输，数据的分类、存档，结果的分析、建模，无一不与数学相关联。对于学生数学核心素养的培养，提高学生利用数学思维解决问题的能力，对国家科技的进步至关重要。

在数学教学过程中，学生对于数学核心概念的掌握程度，直接影响其对整个数学体系的知识构建，这是学习数学的第一步。而学习数学的第二步，便是怎么能够将数学融入生产实践和社会生活中去解决问题。对于数学知识的学习不应仅仅局限于完成高考任务，而是应当将其变成社会生活的工具，用于解决问题、预测事件、信息交流等。这就要求教育从业工作者在数学教学过程中重视对学生数学核心素养的培养。传统的数学教育可以定位为教师注入式的教学，而学生被动地接受。这种教学模式出现的结果是，学生可以熟练地掌握数学概念、基本公式，以及可以解决教师讲过的问题。但是缺乏举一反

三的能力，以及创新的思维。仅仅是为了学习而学习，而不是将学到的知识作为工具。教育部针对以上教学理念存在的问题，出台了一系列改革措施，并以文件的形式写入了《普通高中数学课程标准（2017年版）》（以下简称《新课标》）中，供研究者和一线教师学习参考。为更好地深化推进基础教育课程改革、落实立德树人根本任务、解决高中数学教学中存在的不足，教育部于2013年对《新课标》进行修编，并于2017年出版了《新课标》，在该版本的课标中，数学学科核心素养被正式提出。对于数学核心素养培养，要求必须贯穿于整个数学教学过程中，将培养学生数学核心素养放在重要的地位。

二、核心素养对于高中数学发展的价值

在高中数学教学中，教师对于数学核心概念的整个体系的掌握对课堂教学中培养学生数学素养十分关键。因为数学核心概念是高中数学知识体系的核心，其所蕴含的数学思想丰富，对培养学生关键能力起着重要的作用。怎样在讲授数学核心概念的同时将培养数学核心素养的理念融入教学过程中去将是对教师极大的挑战。首先，教师教学观念的转换问题。教学内容是培养学生核心素养的教学材料，核心概念作为数学教学中的重要内容，在培养学生数学核心素养方面承担着更加重要的作用。在传统的灌输式教学模式根深蒂固的背景下，怎样将课堂交给学生，学生作为课堂教学的主体，教师作为学习的引导者，以引导的方式让学生理解数学核心概念的内容，以及数学核心概念在数学体系中的位置，教会学生学会用自己的思考方式，建立起真正能服务自己的数学知识网络体系。其次，教师在备课过程中，怎样明确核心概念的内容，以及判断出某个数学核心概念所能够培养出学生怎样的核心素养。此外，通过核心概念的培养过程，怎么培养学生理论联系实践的素养，将数学基本概念作为解决问题的工具，举一反三，发散思维解决高中阶段书本上的问题，更要能够通过思考、推理、建模、运算等手段，解决今后面临的生活及工作中的问题。通过对以上问题的研究与讨论，提出解决策略，为教师在教学过程中，掌握数学核心概念的内容，以及怎样将培养学生数学核心素养融入数学核心概念教学中提供参考依据。对《新课标》的掌握、理解以及贯彻执行具有推动意义。使教师明确在制订导学方案时，怎样优化课程结构，突出主线，精选教学。同时，

对于以上问题的讨论，可以从理论和实际两个层面上帮助一线教师了解并逐渐转变传统的数学教学思维，尤其是对于课堂角色的转变。贯彻实施《新课标》中"学生发展为本，立德树人，提升素质"的理念。

《新课标》着重提出：对过程评价予以重视，将核心素养的培养作为聚焦核心，将提高教学质量作为根本目的。为教学质量评估理念，提供参考。学生在课堂学习核心概念的过程中，教师对于核心素养培养的重视程度，直接影响学生学习数学学科的学习兴趣、学习主动性和学习积极性。根据《新课标》的要求，在学习数学核心概念过程中，将培养学生核心素养放在重要位置，引导学生锻炼数学核心素养，使学生明确怎样寓理论于实践，为国家培养更多的新课程改革所提倡的满足时代要求的创新型人才提供理论参考。

三、核心素养的国际化理解

国际上对于核心素养这一概念的提出与发展依赖于联合国教科文组织（UNESCO）对这一概念的不断重视和研究，核心素养基本概念的最初认知可以追溯到20世纪90年代中期提出的未来教育对人的培养达到的目标，做到"四个学会"，扩展开来可以表述为：学会认知事物和世界；学会合理地处理日常中遇到的问题和事情；学会团队合作，并通过合作完成自己的任务；学会利用自己学习的知识、增长的经验达到生存的目的。步入21世纪，UNESCO针对21世纪对人才素质的更高需求，将原来的"四个学会"丰富完善，提出了第"五个学会"。2013年2月，联合国教科文组织（UNESCO）和布鲁金斯学会（Brookings Institution）共同发布了研究报告，提出了教育阶段培养学生应该具备的核心素养，主要包括七大核心要素，即身体健康、社会情绪、文化艺术、文字沟通、学习方法与认知、数字与数学、科学与技术。联合国教科文组织发布的2014年版《全民教育全球监测报告》，特意强调现代科技发展带来的地球村公民所必需的素质，即思维要有批判性、人与人之间沟通能力要强、必须具备解决问题的能力、必须能够解决人与人和人与事之间的冲突。经济合作发展组织（OECD）发布了一则研究报告，对核心素养进行了界定。报告对于21世纪的学生必须掌握的核心技能做出了规定。

第一，具备创造性、批判性思维方式，来辩证地审视我们接触的事物。

第二，具备解决问题以及做出决策的能力。社会是不断发展的，我们生活在社会当中就必须随时随地地做出决策以及解决突如其来的问题。第三，是学习能力。随着社会的进步，科技的高速发展，我们接触的事物将会变得日新月异，只有自身具备一定的学习能力，才能不被历史的车轮所落下。第四，是工作方式，即沟通能力和合作能力。随着社会的发展，单打独斗的时代已经过去，利用沟通的手段，整合手里的资源，通过合作的模式来实现团队里的个体共同发展，达到共赢的目的。第五，信息技术和信息处理能力，大数据及"互联网+"时代的来临给了我们更广阔的发展空间，要求我们必须具备对信息的攫取、处理、整合及再利用的能力。第六，具备必需的职业和生活技能，能够应对实时变化的生活和职业，以及能够担负起个人的责任和对所处社会应负的责任。

鉴于培养学生核心素养的重要性，欧洲部分地区及美国等发达国家对其研究也是逐步深入、逐年加深。在步入21世纪的第二年，美国做出了"21世纪素养"的框架。五年之后发布了该素养的修订版，在报告中全面而清晰地表达出了素养的核心内容，并阐明了各素养之间的相互联系。明确了应当训练出学生的主要技能，并针对每项主要技能还细化出了该项技能所对应的素养要求。欧盟对于核心素养的深入研究也不甘落后。2005年，欧盟根据地区实际情况和背景提出了与该地区实际情况相适应的核心素养。

基于我国的基本国情，对于核心素养认识相较于西方国家晚，但是发展的脚步从未停歇。教育部在2014年3月印发的《关于全面深化课程改革、落实立德树人根本任务的意见》中，对于核心素养给出了明确的概念。表述为：学生应具备关键品格以及关键的生存能力，这才能适应自身的终身发展和当代社会的发展需要。并指出，应当明确各阶段学生应该对其培养的核心素质，并将其作为现阶段的重要任务。提出核心素养应当作为各学科课程教学目标的重要评判依据。核心素养内容是新时代的产物，而将这种新时代的产物作为基础素质核心，这样就激活了基础素质，将时代的内涵赋予基础素质。核心素养的明确界定和提出，更有利于我国的教育工作者对基础教育所达到的教育目标的明确定位。根据《新课标》的要求，在一线的教育工作者通过对其践行，根据实际操作经验对于怎样培养学生"数学学科核心素养"提出了针对不同年级学生的见解。教师应当身体力行，从自身觉悟抓起，将学生核心素养的培养融入教学中去。

四、数学核心素养概念

概念是反映一类对象的本质属性。那么数学概念可以理解为，能够反映数学相关对象的本质属性，是一种思维形式。数学所研究的问题是现实世界中的数量关系和空间形式，包括内涵和外延两个方面。内涵是指对应的概念所能够反映出来所描述的对象能够存在的本质属性。外延指的是所反映对象的全体。例如，"三角形"这个概念的内涵是指"由同一平面内不在同一直线的三条线段首尾相连组成的封闭图形"，其外延则是指三角形的全体。数学概念是构成数学学科的基石，体现了数学思维形成的过程，因此具有高度的抽象性、概括性和简洁性。对数学概念发展和界定出来所具备的客观背景来说，一般有两种情形：一是直接从客观事物的空间形式或数量关系反映得来的；二是通过对之前存在的数学概念的理解，在该概念的基础之上，经过多层次的理解，引申及抽象和概括，从而形成新的理解。核心概念，从词源的角度来看，就是指在概念中代表着核心地位，起着核心作用的一类概念。将一个概念体系中的概念进行分层，有的概念处于本源的地位，其他概念由它生成，我们可将之称为核心概念。从学科的角度来看，核心概念应该是课程中的主要概念，其他概念是由核心概念生成的或与之有密切的关联。核心概念对于一般的概念、理论、定理有着基本解释与理解，具有一定的前沿性。对数学学科本身而言，数学核心概念应处于主干地位；对学生的数学认知具有基础性的地位，是学生认知的联结点；对课程而言，反映与蕴含了丰富的数学思想方法，是联系数学知识的纽带。本书中所研究的核心概念是从高中数学学科角度出发，将核心概念范围定义在高中数学课程中代数、几何、概率和统计三个模块，并且确定模块内的核心概念。满足核心概念的条件应为：

（1）知识属性为概念性，存在于该阶段数学概念的体系中，在概念体系中处于核心地位。

（2）在概念领域中处于基础性地位，具有不可或缺的性质，存在于概念范畴最高层次，核心概念可以将概念之间的内在联系建立起来，从而形成逻辑缜密的概念程式。

（3）核心概念可以理解为思维网络的"自然环"，包含多种数学思维方法，与大量的下位概念相关联。从事实和现象中提炼出来，在构建过程中，与学生的思维认知水平相匹配，并结合了学生最近的智力发展水平，结构连贯并且一致，是学生对数学概念理解的"元认知"。

西方国家，主要是教育发展较早的欧洲国家以及美国对于数学核心素养的认识较早，而且研究得较为透彻。很早就将数学的基础理论教学放在了数学教学的重要位置，并形成了一套较为合理和严谨的教学评估系统。其中，根据教育成果的多寡及学生通过受数学教育所得到的能力，按水平进行了划分。通过对能力水平的划分归类，建立了几何素养模型。通过对国外在数学学科核心素养方面研究成果的借鉴和吸收，可以建立起属于我们自己的、配合我国基本国情发展的数学学科核心素养评估系统。对该项目的实施完成提供了理论指导，具有借鉴意义。例如，澳大利亚针对基本国情对数学学科核心素养给出了严格的定义，具体表述为：本国公民在参与实践活动以及参加社会活动的过程中，可以将与数学相关的知识灵活运用，并用其来解决参加活动时面临的问题，进而实现个人需求的能力。国际学生评估项目（PISA），通过对其研究结果的分析、讨论与研究，提出了数学素养的范畴，提出了合格公民应该具备的数学素养。具体可以表述为：公民在处于不同的社会活动及生活情境中，通过其对数学学科的学习，能够理解及应用数学知识来理解所遇见的现象及问题，并且能够针对不同的事件做出最佳的判断以及合理的决策。具备以上能力的个体，被认为是一个有能力提出建设性意见和具备思辨能力的合格公民。

随着我国国力的逐渐增强，对人才所具备的素质要求逐渐提高，对于人才数学核心素养的研究也逐渐重视。根据研究内容的不断深入以及研究内涵不断丰富，可将研究进展划分为三个阶段：第一阶段为数学素养研究，第二阶段为数学核心词研究，第三阶段最终定位为数学核心素养。21世纪初，我国出版了多个版本的数学教学大纲和课程标准，均出现了数学素养的表述。2000年，数学素养这一概念首次以国家文件的形式被提出；2002年版的高中教学大纲中，将传统的"三大能力"进行了扩充，并提出用思维能力来涵盖扩充的数学能力要素。随着教育研究的不断深入，2011年版课标中首次提出了数学核心词的概念。2011年版课标，将2001年版课标中涉及的六个核心词进行了扩充，发展到了十个核心词。

《普通高中数学课程标准（修订稿）》（以下简称《课程标准》）对于数学核心素养进行了定义，并表述为：数学核心素养是具有数学基本特征、适应个人终身发展和社会发展需要的必备品格与关键能力，它是数学课程目标的集中体现，它是在数学学习的过程中逐步形成的。根据2011年版义务教育数学课标，上海特级教师曹培英提出了数学核心素养体系，主要概括成六种核心素养。2015年11月举办的第五届基础教育改革与发展论坛上，刘月霞在报告中提出了数学学科核心素养的构成，与《课程标准》的表述是一致的。基于史宁中教授提出的数学基本思想，可以将数学核心素养分为两个层级，其中，抽象、推理、模型在数学核心素养中占据着高层级的位置，而数学的基本能力（运算能力、直观想象能力、数据分析能力）可以被认为是次一层级的数学核心素养。身处第一线的数学教师对培养学生数学核心素养的重视及在实际教学中的使用为构建核心素养教学成果的评估系统提供了实际依据。刘志成在教学中，将核心素养的培养渗透到概念教学中。在教学过程中，根据学生的生活经验，将知识点渗透到生活中，一方面使得概念容易理解和掌握，另一方面培养了学生举一反三的能力，更好地将数学知识切入生活中去，并能够真正地服务于生活。姚杰通过教授和鼓励学生勇于提出问题和利用自己的知识来解决问题，来提升学生对所学数学知识的掌握程度以及锻炼学生思辨的能力。将主动提出问题、敢于面对问题以及合理地解决问题变成惯性思维的一部分，这样在今后面对社会上遇到的问题时才能从容应对。赵亮认为数学模型的建立对学生认知意识中的数学运算、逻辑思维能力、数学分析、空间直观想象等几个"数学核心素养"进行了开发与巩固。通过数学建模的训练，定能提高用数学知识解决问题的能力。

第二节　数学核心素养的概念和价值

一、数学核心素养的概念

国外教育工作者们对于"核心概念"的表述，如big idea、key concept、fundamental concept等，虽然在词汇组合上不完全相同，但是从释义上来讲表达的意思是基本相同的。到目前为止，从理论的高度上形成系统性的理解还没有完成。各国学者将对前人的总结，融入自己的理解形成了各自对核心概念的理解。教育学家赫德（Hurd）就将学科的核心概念看作是学科系统的主干。在课程学习过程中，可描绘出该学科在当代具有描述时代景况能力的概念和原理可以被认为是核心概念，代表着学科发展到近阶段的思想水平。这里涵盖的内容比较广泛，包含对大量数据进行收集、分析以及再加工的能力；能结合实际生活，将学到的知识用于生活的能力；可以将系统内的概念内在联系建立起来，并且对其重新加工，提出新的意义；能够开发交叉学科之间的概念联系，提出更高层次的知识；核心概念能够体现出学科在历史发展和人的进步中的重要性。埃里克森（Ericson）对于核心概念的理解比较关注教学实践。他指出，对于学科课程的学习应注重对于概念的学习，而不是仅仅掌握每道题中的知识点，更应该在教学过程中注重学生思维能力的锻炼。课程内容应该围绕核心概念去设计，而实践仅仅是为了帮助核心概念的理解和掌握。他对于核心概念的理解可以概括为，处在学科知识网络的核心位置，在课堂以外可以保持永久的适用性，通过发展可以不断用于新领域。

从美国的"2061计划"中可以看出美国对于核心知识的重视程度，该计划表明，在学生学习的过程中应该注重所学知识的系统性和整体逻辑，减少结构体系外的知识深入影响系统内的知识构建，要重点考查对核心概念的学习。对于学生的培养，要求学校"知识不在于多而在于精"。要将教育资源集中在少量的核心主题上，同时对教师的教学方式也提出了要求。要求其从多方面的事实背景引入核心概念，并且要逐步地进行扩展与深化。对于课堂设计要有一定的取舍，历久弥新的、在知识体系中处于根本地位的，要多对学生进行引导学习。课堂内容虽然简化，但不失内涵，注重核心概念相关知识的引导和深化。全美数学教师理事会（NCTM）发布数学准则，将数学知识分为五个模块。并对每个模块制定了内容标准，这么做有利于对数学核心知识的模块化分类，对于教师教和学生学内容更清晰、更容易掌握和利用。2009年，全美数学教师理事会提出，将高中数学教学聚焦在推理和数学意识培养上，以上两点为教学目的，并将其贯穿于高中阶段学习整个阶段。

在国内，教育工作者们对于数学核心概念的教学相当重视。目前，从理论上对其进行研究的主要是章建跃的团队。该团队，从理论的角度开展研究项目。经过多年的努力和研究，提出了很多关于核心概念的见解，为一线教师理解核心概念内容、注重核心概念的教学、在课容量有限的条件下怎样筛选优先教学内容提供了理论指导。该团队提出，从学科角度来讲，核心概念是本学科中处于核心地位的概念或者其他学科领域概念相互之间联系的纽带，并且核心概念具有基础性的作用以及长期效应。从学习的角度来讲，核心概念不仅起到了基础性知识载体的作用，更具有多层的意义和作用。在学习该学科知识的同时，核心概念的基础性地位将会显现出来。该团队通过对美国高中教材体系的深入学习和研讨，重点研究了代数、几何、数据分析和概率三大数学模块。对三个模块的知识体系与核心概念进行了系统而深入的梳理，对于新概念体系的划分提供了参考和依据。该团队将我国的高中数学教材与当代发达国家的教材进行了对比分析，以函数作为载体展开讨论。得出的结论表明，函数的相关概念生长性很强，在代数中各概念的联系上具有连接作用。

虽然世界各国对于核心概念都相当重视，但是对于核心概念最终的落脚点，即实施过程不尽相同。我国与美国大体一致，主要关注概念的内涵，以及数学模型的应用；日本，教师们将概念直观化讲解，以求将数学概念直观地展现在学生面前，提高学生对概念的理解；法国，主要是培养学生的发散思维，关注概念的多元化表征以及转化形式；德国，更注重概念的现实导向，以实际应用为出发点，力求知识能够在生活中进行转化。

除章建跃团队外，国内还有其他研究者对数学核心概念进行研究，主要是从概念界定和实践教学两个方面入手。2009年邵光华与章建跃共同发表了《数学概念的分类、特征及教学探讨》一文。文中将核心概念定义为一个概念体系中处于核心位置的概念群体。在概念体系中，核心概念可以将其他概念之间生成关系。于环赤将数学核心概念和学科核心概念进行对比研究。他指出，两者之间在认知和概念理解上具有一致性。并且数学核心概念可以不具备重构性质。她在章建跃团队对核心概念研究的基础上，将美国高中数学的核心概念进行扩充，提出了有核概念集的理论。从三个维度去理解核心概念，自上而下可以划分为数学实践与应用、数学跨领域概念、数学的核心概念及其子概念。魏兵等人也是经过对章建跃团队研究成果的归纳总结后，对相关概念进行进一步的细化。他们提出，无论数学核心概念所在的"概念体系"的大小，如数学的分支学科体系，还是章节体系，抑或是某个单元体系，关键还是看该概念在本体系中所处的地位是不是"最核心的"并且是否被其他"赖以支持"。同时他们以实践教学作为切入点进行分析，提出一些有效的教学方法和教学标准。要求对于数学概念的教学要提出概念的可生长性以及不间断性等特征。并对核心概念教学过程中的教学模式进行了指导。国内的教育工作者经过十余年的理论研究与实践教学，将数学核心概念的内涵、在概念体系中所处的地位，进行发展、完善和细化。提出了数学核心概念在概念体系中的核心地位，在概念体系中，对于其他概念起到纽带和支撑作用，是概念体系中最核心的，更是其他概念赖以支持的概念。

数学素养概念的提出，最早始于1957年10月苏联成功发射人造卫星事件。此事件对西方教育界触动很大。当时，"大力发展科学素质教育"成为西方国家追赶苏联先进科技的口号。1959年，英国在克劳瑟报告中，从两个层面上对数学素养进行了界定。我国对于数学素养的认识，最早在1956年《数学通报》中对苏联文献的译文中出现过。20世纪90年代逐渐受到教育界关注，2000年首次出现在国家文件中，于2003年编入《新课标》中。世界各国的教育者对数学素养的界定有着各自的特点及道理。著名的英国科克罗夫特报告指出，数学素养是运用积累掌握的数学能力自信地解决家庭、工作以及社会活动中遇到的实际问题的能力。熟练地应用数学方法如公式、曲线、图表、百分比等表达信息。全美数学教师理事会定义数学素养为：了解数学的价值、对于自身的数学能力有信心、能够成功解决数学问题、懂得运用数学的方式进行交流和沟通、能够运用数学的思维去推演。澳大利亚通过对生活技能调查，将数学素养综合性地概括为：有效地解决工作与生活过程中遇到的与数学相关的问题所需的能力的集合。张奠宙从外延的角度对数学素养进行了概括，指出数学素养应该包含数学意识的形成、数学问题解决、运用数学逻辑推理和信息交流。郑强表示，数学素养为人们经过数学教育，以及对所学数学技能的实践而发展起来的，进行社会生活、生产实践，参加经济活动以及进行个人决策所需要的数学知识、技能、方法和能力。基本意义包括了解数学在社会中存在的关系，理解数学的内涵本质以及形成以数学为基础的态度和价值观。数学素养从词组结构上来看是由数学与素养共同构成的。对于素养的理解，词典中释义为平素的修养以及经常修习培养。组合起来理解为：在平时的生活、工作以及学习行为中，经过长期对数学的专业学习、实践应用、思考探究、感悟发现等过程，逐渐掌握的解决平时遇到的数学问题所需要的思维逻辑、专业知识、基本技能等素质。

核心素养被认为是基础教育决定性的一环，是决定育人价值的集中体现，是评价育人成果的标准。对于学生核心素养的强化及培养是评价未来基础教育的标尺。世界各国对于核心素养的研究逐渐加强，同时我国教育部对于核心素养的培养与研究也十分重视，国内相关专家对于核心素养的研究与界定也是逐年加深。学科核心素养的培养是衡量教育、教学成果的集中体现。学科核心素养的掌握程度，直接体现了教育成果优劣。而对于数学学科核心素养（以下简称数学核心素养）的培养，是对于数学课程所达到目标的集中体现。对于数学核心素养的掌握与认知程度，体现在学生对于生活中，利用数学理论、数学知识和数学逻辑解决问题的能力；利用抽象的思维解决数、量、形之间的关系，抽象出一般规律与结构；利用缜密的逻辑推理能力，演化出事物规律，并将其普适化，或者通过第二章文献综述事物的一般规律解决其特殊化的问题；利用模型化的思维，将事物点阵化、边界化，提出模型，解决实际的问题；利用直观想象的思维来探究事物的存在与变化的规律，推测出事物的反战方向，理解和解决事物之间存在的数学问题；运用数学运算的方法，提出事物的运算法则、运算规律以及探明运算思路，选择合理的运算方法来进行实际的运算操作，得到合理的结果；具备数据采集及分析能力，使用数学的方法，对数据进行分析及演算，得出符合实际逻辑规律的结论。《新课标》对于数学核心素养的界定，可以描述为数学目标的集中体现，是在数学学习和应用中逐步形成和发展的，并确定数学抽象、逻辑推理、数学建模、直观想象、数学运算、数据分析这六个既相互独立又相互交融并构成了一个有机整体的六个素养为数学学科核心素养。

二、数学核心素养的教育价值

1. 数学核心素养有利于培养正确的数学观

数学观是人们对数学的基本看法的总和，包括数学事实、知识、内容和方法的总体判断以及对数学的科学价值、哲学价值、文化价值、社会价值和教育价值的认识与定位。数学抽象通过培养学生抽象思考和理解能力，帮助学生理解数学概念、命题定理之间的内在关联，厘清知识之间的关系，生成正确的数学观；逻辑推理主要通过合理的演绎推理、归纳类比、合情推理、猜想论证等思维活动，帮助学生用理性的思维分析问题，明辨是非，形成有条理的数学观；数学建模培养学生问题提出、模型建构、问题解决的能力，形成从数学角度分析问题，用数学语言表达问题的习惯，形成下意识的数学观；数学运算、直观想象和数据分析培养了学生的数学应用意识，将数学与生活紧密联系起来。

2. 数学核心素养能有效地指导数学教学实践

数学核心素养是学生适应社会发展以及自身终身发展所必需的数学品质和数学关键能力，教育的目的就是要培养社会需要的人和满足社会需要的人，所以数学核心素养不但对学生数学素养的培养提出了要求，而且对教学实践提供了参考。《新课标》就是为了落实数学核心素养的培养，包括教学目标的制订要突出核心素养，情境设计与问题设计要有利于发展学生的数学核心素养，教学评价也要基于对数学核心素养的达成。基于对数学核心素养的考查，《新课标》中对高中数学学业水平考试以及数学高考命题提出了相关要求，对教材进行编写时要以发展学生数学核心素养为宗旨等。基于数学核心素养的课程标准已经成为国内外数学教学发展趋势，以此为前提，作为教育改革发展的抓手，促进在教学实践中落实数学核心素养，改变了传统只重视结果的教学观念，教学设计立足于培养学生哪种数学素养，预期达到哪种思维水平，使得课堂教学更加重视学生思维与能力的发展，提高教师的教学效果。

3. 数学核心素养是学生数学素养的评价标准

数学素养是个体在从事数学活动和社会活动的过程中，能够下意识地使用数学化的思维去观察、分析、解决问题的思维品质。它包括数学基本知识、基本技能、数学思想方法、创新能力、数学观，是在学生掌握归纳推理、数学运算、直观想象等基础知识和基本技能的基础上建立的数学态度，对贯穿数学素养中最基本最重要的能力思想方法进行分类，确定了六大核心素养。数学核心素养是学生进行数学学习活动和社会生活的必备品质，是评价高中数学教学的重要因素，推动了课堂改革对数学核心素养的培养。

第三节　核心素养与高中数学教学

核心素养的培养，是渗透在教学当中的，下面以高中数学课堂题目和课后题目教学为例，探索如何在高中数学教学中，渗透核心素养培养意识，实现核心素养培养目标。

一、改编题核心素养培养教学策略

1. 重视数学对象的本质属性，培养学生抽象素养

立足于当前对人才的需求，数学教育家及一线教师对数学改编题的编写原则和改编方法有较为成熟的理论和实践成果，但其需要遵循的改编理念始终聚焦于对学生核心素养的培养上，相同题目背景，不同的出题视角，从不同角度考查学生对数学知识的掌握情况。尽管大多数改编题是由概念、定理、成题直接改编而成，如改变信息形态、改变条件或结论、多题的组合等，通常情况下的改编题是围绕难点设题的，背景更丰富，语言更复杂，对象更抽象，但是数学知识间的网络关系不会变，数学对象的本质特征不会变，所谓万变不离其宗，学生只要彻底掌握了数学对象的本质属性，不管题是从哪个角度，以哪种方式改编的，学生都会抓住问题的核心，运用相关数学知识和方法解决。

2. 教师要弄清题目结构，帮助学生发展逻辑推理素养

数学改编题教学与数学概念教学相同，首先教师本人要对数学概念有深刻的理解，如进行数轴教学时，在一名数学教师的眼中，数轴不只是三要素那么简单，数学内容具有网络状的特点，承载了数和形的结合，是后续两点间距离公式的铺垫，是从一维数轴到二维平面直角坐标系再到三维空间直角坐标系的发展基础，是数与点一一对应的理解平台。当教师本人对数轴问题的深层结构

15

有了深刻的理解，就清楚了改编题的难点所在，也就清楚了哪些地方设计了铺垫式问题，就可以将这个结构向纵向延伸、发展，更可能基于这道改编题进行二次三次以及多次有价值的改编。只有提高教师的教学水平，才能够在进行数学改编题教学时引导学生的思维路线，发展学生逻辑推理素养。

3. 采取恰当的改编方式，落实数学运算素养

改编题是对已有数学问题的条件和结论的部分内容进行改编，从而得到新命题，改编题不仅承载了原题的知识内容，蕴含了数学思想方法，也传承了命题人的教学意图。数学改编题服务的主体是学生，因此在对数学问题改编的过程中，应以学生的认知水平和心理发展规律作为改编的依据，围绕教学重难点改编，保障改编题的价值，起到有利于学生发展的作用。

改编原题的方式有：

（1）改变表述方式。例如，将结论舍去，把证明题改编为探索题；在问题中增加中间的设问，即将一问变成分步设问，相当于给出思维线索，这样梯度化的提问方式降低了难度，能够满足不同层次学生的需求。

（2）改变问题的条件。适当地增删已知条件，将隐蔽的条件明显化，明显的条件隐蔽化，直接条件间接化，间接条件直接化，抽象条件具体化，具体条件抽象化。

（3）改变考察对象。改变考察对象是指在问题中主要条件不改变的情况下，改变其结论中的考察对象，如将考察面积的问题换成考察线段问题，与原题相比，改变考察对象后得到的改编题更加综合化。

（4）改变逻辑关联。改变逻辑关联是指按照命题人的设计意图，改变条件中的结构关系或逻辑关联的改编原题的方式。

二、开放题核心素养培养教学策略

1. 增加其他学科情境类型，培养学生抽象素养和建模素养

众所周知，数学是门工具学科，物理和化学离不开数学推理和运算，在教学中可以从其他情境中引导学生把相关问题抽象成数学问题，然后利用数学模型解决该问题，这样学生就经历了观察、比较、抽象概括的过程，通过解决该情境的问题，可以培养学生的抽象概括能力和数学建模能力，进而培养学生抽

象素养和建模素养。物理与数学的关系尤为密切，如物理中小球的简谐运动可以用来描述三角函数图像的发生发展过程。在进行函数的导数概念教学中，会引入物理意义；对受力物体进行受力分析时，就需要运用平面向量；可能学生总是记不住正余弦函数图像，但是可以通过回忆物理实验小摆锤的运动轨迹，联想到图像和性质；可能学生对于导数这一抽象概念不是很理解，但是通过高一学习物理时对于加速度的理解，可将对加速度的理解迁移到导数中，于是对导数有了深层的理解；可能学生不熟悉平面向量基本定理，但是通过物理受力分析习题的训练，可以帮助学生熟练掌握这部分内容。而从物理实验的简谐运动中引导学生抽象出三角函数线，学生通过发现、比较、概括抽象出三角函数，从具体的情境中抽象出数学问题，培养学生观察能力和概括能力；通过建立这样的数学模型解决问题，培养学生利用数学模型解决实际问题的能力，还可以引起学生探究思考的兴趣。因此，教师应多思考数学与其他学科的联系，会有意想不到的良好效果，如语文诗句"不尽长江滚滚来"可以用来描述无穷数列，生物中遗传与进化的学习中，遗传的概率问题正是数学里的概率知识。数学与其他学科具有很强的相关性，平时多思考多学习，一定会对开放题教学起到良好效果。

2. 借助教材中的开放题教学，培养学生数据分析素养

教材是基于要培养什么样的学生而制定的，因此它具有较高的价值，必修教材呈现的内容是每个学生必须要习得的数学素养，因此教材中的开放题具有较高的研究意义。通过统计分析发现教材中开放题较多，焦晓东在《新课程数学教材中的开放题研究》中对高中教材开放题进行了统计分析，发现高中数学教材从必修一到必修五以及选修的三个模块虽然各教材中开放题的比例有所不同，但都包含了大量的开放题。

3. 重视开放题知识的产生发展过程，发展学生逻辑推理素养

开放题能有效培养学生思维的创造性和逻辑推理能力，但这只能建立在学生理解并掌握知识的基础上，否则学生思维发展就是无源之水、无本之木。一般来说，数学知识的产生大都来源于数学内部的需要和实际的需要，教师进行开放题教学活动时，可以根据"知识背景—知识形成—知识间的联系"的过程引导学生经历数学知识的形成过程，在这样的探究中激发他们的学习兴趣，帮助他们厘清知识之间的联系，建立知识之间的整体结构，促进他们理解知识本质，发展他们的思维能力。

三、信息给予题数学核心素养培养教学策略

1. 提高学生阅读理解能力，培养学生抽象素养

信息给予题原则上可以说是新题型的阅读理解题，这类阅读理解题有几个特点：

（1）内容新。题目中常常是学生没有学过的定义、运算、公式、法则等，要求学生自学理解并运用这些陌生的内容解决问题。

（2）抽象性。这类题目对定义、运算、公式、法则等的表述一般都比较抽象和简洁，没有解释性文字，没有教师的分析帮助，考查学生独立学习和抽象思维的能力。

（3）时间短。这类题要求学生在有限的时间内理解新信息并解决问题，没有足够的时间可以研究或者模仿，要求学生具有敏捷的思维。因此学生的数学阅读能力对解决信息给予题至关重要，而数学语言具有与自然语言所不同的简洁性和严谨性，这些特点使得只通过语文或者其他学科的学习提高数学阅读能力具有一定的困难，因此在平时的数学教学中要重视培养学生数学语言的语感，提高阅读能力。在解题过程中，学生的思维经历了阅读新信息、概括关键信息、联想类比、分析推理，其中主要运用了分析综合、类比联想、归纳演绎、抽象概括等思维方法，学生经历了观察、思考、抽象、概括、表达的过程，是对信息抽象概括并表达的过程，最后运用有效策略解决集合问题，培养了抽象概括能力，有利于数学抽象素养的形成。

2. 培养学生类比迁移能力，提高学生逻辑推理素养

"信息给予题"是近年来高考数学命题以能力立意为显著特点的创新题，将"四基"迁移到陌生的情境，学生无法套用现成的题型、解题模式解决问题，考查学生将知识迁移到新情境的适应能力，从而检测学生的学习潜力。在教授学生解决创新题时，培养学生在进行知识迁移时进行分析归纳、类比推理的习惯，重视学生独立思考、自主推理的能力，学生经历了自主分析问题、提出问题、做出假设、进行验证、得出结论的过程，形成了类比推理的能力，提高了学生逻辑推理素养。

四、应用题教学核心素养培养策略

1. 重视学生阅读理解能力，突出数学抽象素养

阅读是一个复杂的信息加工过程，是个体通过图片、文字、公式等材料提取信息、整合并重组信息的过程。数学应用题的最大特点就是文字信息量大，这就需要学生主体在解答应用题的过程中简化问题，通过阅读，将有效的数学信息从中抽象概括出来，形成数学问题，然后建构新的数学模型，选取恰当的策略解决问题。在解决数学问题的时候，教师总是习惯性地抢着做学生的任务（读题），然后继续帮助分析讲解本道题基于什么样的背景，考查了哪些知识点，运用什么法则、公式能够解决，表面上看这样的做法启发了学生思考，引导了学生的解题思路，节约了课上做题讲题的时间，减轻了学生的负担，但其实是减少了学生自主分析题目的机会，减少了学生思考问题的时间。在这样一个被教师带着走的教学过程里，被忽略的学生才是解决应用题的主体，建构主义理论提出知识不是由教师机械传授过来的，而是学生在教师指导下进行有意义的知识建构，建立知识之间的联系，而不是机械操作和简单的模仿。我们可以先让学生独立分析理解题目信息，并让学生把他觉得重要的信息提取出来，再进行小组讨论这些信息与我们之前学过的哪些知识有关系，最后让学生表达自己的解题思路：通过自己的阅读分析获得了哪些重要的信息？材料中包含了怎样的等量关系和数量关系或者内在联系？能够运用什么样的数学思想和方法？还有什么样的困惑没有解决？有没有其他小组帮忙补充？学生只有经历尝试和实践，才能够将知识内化为数学知识的整体结构，在做题的时候才能逐步提高学生数学阅读能力，将实际问题抽象成数学问题，从而培养了学生的数学抽象素养。

2. 发展学生自主学习能力，培养学生模型意识

在这个信息技术高速发展的时代，大量新鲜事物的出现，代表当代的时代特征。数学应用题也体现着时代特点，以时代为背景的考题不断出现，如华为，小米手机的生产率问题，全球化贸易利润问题，其中还伴随着专业名词出现，这样的情况也为学生解决数学应用题增加了难度，"两耳不闻窗外事，一心只读圣贤书"的时代已然过去，故步自封只会限制社会的发展，限制学生的发展，可以让学生平时看看体育盛事了解赛制，如世界职业棒球赛采取全美篮球总冠军7强决赛制，美国网球决赛女子采用3强赛，男子采用5强赛，如果某队队员实力较弱，哪种赛制获胜的可能性较大？如果学生在课下对该比赛规则有过了解，那么对于应用题他就相当于会了一半。教师要在平时的课上课下渗透当今生活和科学等方面的热点问题，帮助学生了解时政新闻，与世界接轨，与时代接轨，进一步减小应用题的难度。但是毕竟学生在校时间有限，目前各类信息量大，还需要学生自主学习了解当下时代发展前沿，学生可以通过互联网、图书馆报刊、讲座等方式获得新鲜事物的信息，通过对外面新鲜事物的认识，进一步丰富现有的各类数学模型。

3. 重视建模思想的应用，培养学生数学建模素养

数学建模思想在解决数学应用题的作用上是至关重要的，也是数学建模素养的重要体现。数学建模思想是指通过将现实的问题或者情境抽象为数学问题，建立方程、不等式、函数等模型来表现数学问题中的数量关系以及变化规律，然后利用数学思想方法解决这类问题的方法策略和意识。高考题开始逐渐在题目中渗透建模思想，需要学生有意识地运用数学语言表达问题，建立数学模型，运用数学方法解决问题。数学创新型应用题涉及的数学模型主要有概率统计模型、排列组合模型、解析几何模型、数列模型、线性规划模型、函数模型和立体几何模型，所以教师要以相关模型为背景设置练习题，重视建模思想的运用，锻炼学生熟练掌握建模思想的能力，进而培养学生数学建模能力。在数学解题中运用建模思想的策略：

（1）学生清楚解题关键和目标、解题重点是什么，了解问题背景。

（2）对数据分析整理，将有效信息列举出来，构建对应的模型，弄清应用题中的数学关系。

（3）建立数学模型，将现实问题抽象并转化为数学问题，在头脑中搜索相关数学知识解决问题。

（4）将运算结果回归到数学应用题，检验计算结果正确性。

4. 设计生活性较强的应用题，提高学生数学建模素养

数学知识既来源于生活，又会运用到生活中，生活生产离不开数学，数学应用题更应该偏重生活化的问题，教师要具有生活化意识，将生活元素与应用题有机融合，一方面能够使学生热爱生活，贴近生活，观察生活，发现生活中蕴含的数学问题，认识到数学并不是空洞无用的理论知识，而是能帮助我们更好地解决生活中实际问题的工具，感受数学的应用价值；另一方面，数学是门比较抽象的学科，生活性较强的数学能够引起学生兴趣，能够使得题目不过于抽象，提高学生学习数学的兴致，进而喜欢学数学。教师在选择生活类素材的时候要尽量贴近生活，如果题目中涉及的情境较为陌生，也不会达到良好的教学效果。应用题完美地实现了抽象问题具体化，抽象问题生活化，学生能够在生活情境中抽象出数学模型，并利用数学模型解题。提高学生学习积极性的同时提高了数学建模素养，感受到数学的生活价值。

五、以小课题和探究性作业等形式培养核心素养的教学策略

1. 选择合适的素材，培养学生逻辑推理素养

并非所有的知识都可以以探究性作业的形式开展研究性学习，教师的责任就是要发现那些能够引起学生讨论的，通过探索、交流、分享，可以得到深刻理解的数学题目。皮亚杰认为，学习是个能动的过程，学习是学习者积累越来越多的外部信息，让学生经历数学知识的探索过程，积累越来越多的有关他们认识事物的程序，也就是这种发现问题，探索问题，解决问题的能力养成以及数学思维的锻炼。主要有以下几个课题发掘途径：

（1）从新授课中选择课题。在学生原有认知基础上，把教材中的某些定理或者法则列为研究性学习课题，让学生自己去发现、检验、论证和推广。

（2）从教材的拓展中选择课题。教材并没有很明确对某些内容进行讲解，但是这些内容又是需要学生掌握的，这就可以当成研究性学习的课题。

（3）选择跨学科的综合性问题。例如：一元二次方程与抛物线的关系、声波与正弦定理的关系、单摆与三角函数的关系，加强数学与其他学科的联系，完善学生的认知结构。

（4）从正在进行的社会调查中选择课题。让学生通过社会调查的方式开展研究性学习，能够尽可能地提供学习的直接经验，在探究实践中获得积极的情感体验。例如，丈量某商场，哪家购物超市最便宜？

2. 让学生亲历对数据的收集与处理过程，培养学生数据分析素养

研究性学习是一种主动探索和合作交流实践性教学活动，主张学习过程与学习结果的完美统一，目的就是让学生在实践过程中，不断地提高自己发现问题、分析问题、解决问题的能力。首先让学生感受到要解决问题就必须要收集数据、整理数据、分析数据，再让学生经历完整的收集、整理、描述、分析数据的全过程，感悟数据分析的独特魅力。学生对数据收集整理的过程就是对数学问题的生成、发展、演变、形成的再创造过程，只有切身经历数据的收集和处理过程，对处理数据过程中出现的问题进行反复思考和改进，才能更加清楚地知道收集数据、筛选数据、处理数据的过程和方法。例如，学生只有经历了对水塔数据的收集、整理、描述、分析，才能清楚地知道能收集到多少水塔的资料，解决测量高度问题需要收集哪些数据，需要做哪些准备，其中要收集的最基本的数据有哪些，能够用哪种方法解决问题，一共有几种解决办法等。通过让学生亲身参与对数据收集和处理的过程，培养学生数据分析素养。

3. 感悟模型思想，培养学生数学建模素养

研究性学习的课题大多是开放性的、可探究性的问题，将模型思想融入对问题的求解中有利于学生通过实践对其内涵进行感悟，不仅巩固新知识的生成，而且培养学生建模求解的好习惯，进而形成建模素养。例如，可结合某一实际情境中的探究性问题的求解过程帮助学生总结并提炼函数"图像解题"的方法，还可以继续引申，运用这类方法解决相同情境下的相似问题，然后对这样的问题进行归纳。例如，在某一情境中对二元不等式的考查，教师可以引导学生建立函数模型，结合函数图像帮助理解，进而在此基础上求得结果。又如一些几何背景的探究性问题，平面几何或者立体几何的本质都是图形，像前面案例中测量水塔的高度问题，本质就是三角形问题，自然也是用函数图像解题的。学生在经过对研究性课题的思考之后，教师从旁协助，解决问题时直接获得建模经验和综合能力的发展。

第二章

核心素养下高中数学课堂
教学的原则

第一节　主体性原则

　　主体性原则是高中数学核心素养培养的基础原则之一，因为核心素养的培养目标就是高中生，而高中生是学习的主体。在教学活动中教师是主导，学生是主体，教师和学生是教学活动中相辅相成的互动双方。教师应该最大限度地尊重和发挥学生的主体作用，培养学生的自主探究和实践能力，实现教育的最终目标。课堂是教育教学最重要的阵地，在高中数学课堂教育教学中，认识和确立学生的主体地位，有利于贯彻素质教育精神，提高课堂教学实际效率，最终实现核心素养的培养。

一、新课程标准下"以人为本"教育观念的确立

　　"以人为本"是当代世界主流教育观念，也是我国当下正在进行新课程改革的基本教育理念之一，其基本内涵是："人类社会的任何活动都要以满足人的生存和发展为目的，它强调人是自然、社会、自身的主体。"现代教育理念中，"以人为本"就是指在教育教学中，以学生个体发展所需要的知识与能力需求为基本依据，注重培养学生的自我学习和进步的能力，从而促进学生自身健康成长和社会的进步。作为教育工作者，在教育教学过程中，应该充分尊重和践行"以人为本"的教育理念。

　　教学活动是师生积极参与、交往互动、共同发展的过程。有效的教学活动是学生学与教师教的统一，学生是学习的主体，教师是学习的组织者、引导者与合作者。"以人为本"教育观念得以确立和体现，学生被视为数学教育教学的主体。数学教育教学活动必须根据学生的实际情况，培养学生的自主精神和主体意识，让他们自觉地投入数学学习活动中来，以便积极主动地探索知识。

1. "以人为本"确立教育价值取向

教育的根本目标是培养人，"以人为本"是一种正确的，符合社会发展潮流和教育发展趋势的教育价值取向。"以人为本"强调尊重人，重视人的培养，要求充分开发学生的个体潜能，让学生学习丰富的知识和优秀的学习思维方法，同时还要培养健全的人格。在教师心中，要将每一个学生都视为独一无二的受教育主体，不采取整齐划一的教育方法和原则，承认和尊重差异，从学生的角度去思考教育教学问题，更好地引导学生学习，努力让每一个学生在原有基础上都能通过教育而得到发展。

2. "以人为本"尊重生命成长规律

教育的对象是生命，是一个个品性独特、个性鲜明的人。教育的使命就是了解生命，引导生命成长，让每个生命都找到自己的成长之路，从而成就生命，让生命找寻到属于生命本身的价值。每一个生命都有着独一无二的特点，以人为本就是在尊重和理解学生生命基本规律的基础上，遵循生命成长的规律，对学生进行引导和培养，找到学生生命中的潜力和长处，帮助学生发展潜能，实现个体化生命全面自由地发展。

二、数学课堂教学中如何体现学生的主体地位

数学课堂是一个系统工程，备课、上课、评价都是课堂教学的重要环节，在每一个环节的各方面都要做到"以学生为主体"去思考和设计，把握好实施过程的每一个环节，挖掘出每位学生的优势潜能，在有效完成教学任务过程中，让每一个学生在原有基础上都能得到发展，真正实现"以人为本"。

1. 备课时应该从学生实际情况出发，将学生视为备课的目标主体

备课是数学课堂教学的前期准备工作，在备课的时候，教师首先要想到的就是备课的主体对象是学生，认识到学生是备课工作的目标主体。"以人为本"教育理念下，教师备课时，既要关注知识结构的系统性和完整性，更要充分了解学生、考虑学生的需求。在"以人为本"理念指导下备课，应该从学生的认知心理和认知水平出发，通过良好的教学设计来引导学生学习数学知识，提高数学能力与素质。备课工作很重要，其好坏直接关系到整个数学课堂教学的质量。在每次备课的时候，教师都要充分考虑班上学生的现有基础、学习能

力、学习要求和学习兴趣，找到能够激发学生兴趣的问题，在课堂上促进学生主体能力的发展。

2. 上课时应该把课堂还给学生，让学生成为课堂教学的思考和行动主体

《新课标》下，"以人为本"理念的确立，使得课堂教学由重教向重学转变，让学生成为课堂教学的思考和行动主体，充分尊重和突出学生在数学课堂教学中的主体地位。"以人为本"要求把课堂还给学生，教师只是课堂教学的组织者和引导者，学生才是课堂教学的主体。把课堂还给学生，就应该充分了解学生的独特性，让学生成为课堂教学的培养主体。把课堂还给学生，就应该充分调动学生的学习能动性，让学生成为数学课堂教学思考的主体。数学课堂教学应该培养学生自信心、责任感和主动意识，给学生提供思考、探究和具体动手操作的机会，启发学生思考和辩论，成为课堂思维的主体。把课堂还给学生，需要尊重和培养学生的独立性。自主学习的实质就是独立性，独立性是自主学习的基础和根本。教师要把学生视为不以自己的意志转移的客观存在，当作具有独立性的人来看待。

3. 评价应该着眼于学生的能力发展，让学生成为未来进步的主体

"以人为本"理念下，数学课堂教学中的评价环节应该着眼于学生的能力发展，而不仅仅关注数学知识的掌握情况。通过科学的、发展的过程性评价，可以让学生了解自我认知水平、基本技能及综合能力的提高程度，同时还可以反映教师的教学水平、教学能力和教学效果。数学课堂的教学评价，应该把学生的人的发展放在最重要的位置上，应该基于学生多种能力的培养与发展，把握好一些基本的能力标准。

三、主体性原则的价值和意义

素质教育是我国当前教育发展的主流观念，数学作为自然科学基础学科，具有很强的概括性、抽象性和逻辑性，是中学教育必不可少的基础学科，对发展学生智力，培养学生能力，特别是在培养人的思维方面具有非常重要的意义。在数学课堂教育教学实践中，学生主体地位的确立，能够提高教学效果，提高其数学文化修养，促进学生的全面进步。

1. 学生主体地位的确立，代表着观念的进步

学生主体地位的确立，是我国教育观念的一大进步。教育的根本目标就是培养人和发展人，"以人为本"理念下学生主体地位的确立，意味着教育观念回归到了教育的价值原点，同时也符合世界教育发展的潮流，是我国教育观念的一大进步。

2. 学生主体地位的确立，有利于学生全面发展

学生主体地位的确立，能够促进学生生命的全面主动发展。生命成长和发展的根本动力是自我发展需求，学生主体地位的确立，就是正确认识到了生命成长的规律与要求。只有学生作为人的生命主体性得到认可和尊重，才能够真正实现生命的全面主动发展。

3. 学生主体地位的确立，能够提高课堂教学效率

学生主体地位的确立，能够促进数学课堂教学效果的提升。学生在课堂教学中主体地位的确立，有利于发展学生的学习主动性，从而有效提高教育教学效果和效率。自从我在课堂教学中，注重学生主体地位，教学成绩提升的效果非常明显。

4. 学生主体地位的确立，有利于核心素养的培养

核心素养培养要求背景下，高中数学课堂教育教学要"以人为本"，要面向发展，让每个学生都能够积极主动参与到学习过程中去。教师作为课堂教育教学的组织者和引导者，应该认识到学生主体性地位的重要性和必要性，通过合理的途径和方法促使学生成为学习活动的主体，实现学生健康成长和课堂效率提高的双重目标。

第二节　自主性原则

自主性是指人在活动当中的独立性和主动性，它表现为个体自由地、独立地支配自己言行的状态。数学学习的自主性原则，就是学生独立或者在教师的帮助下，制订学习计划，并且完成学习任务的过程中坚持的一种独立、主动的原则。自主性原则，有助于培养学生独立思考和探索的能力。下面就以任务型教学方式来探索自主性原则如何具体融入数学教学中。

基于核心素养下的任务型教学的含义为：教师要把以数学核心素养为核心的课程目标作为任务的基础，以学生为中心提出具体的任务，联系学生的生活实际与个人经验，为学生建立具体的学习情境，引导学生围绕任务的完成展开活动，通过自主学习、合作交流完成任务，获得知识的主动建构，形成数学核心素养，从而更好地实现教学目标。

一、教师提出任务应满足的要求

教师提出任务的要求有以下几点：

（1）任务的提出应该体现分层，即任务目标的多样性。也就是教师提出的任务要针对学生的不同能力水平，提供给学生的任务应满足：涉及学习内容基本一致，但是程度有所区别。

（2）任务提出的难度需要教师把控，符合学生的认知水平。应该满足"最近发展区"，是需要学生通过一定的努力才能完成的，培养学生"跳一跳，摘个桃"的思想，有利于培养学生的主动探索精神。

（3）增强任务的延展性以及探究性。教师对于任务的提出，不应该只是局限于课本上已有的知识，而更应该做到课本知识与理论实际相结合，给学生更多的思考想象与探索学习的空间，促进学生核心素养的发展。

（4）任务的提出应体现以学生为主体的精神。也就是，教师在提出任务时，可以适当涉及关于完成任务会获得怎样发展的内容，让学生通过教师提出的任务知道这节课是以我（学生）为中心的，激发学生学习的积极性，从而养成主动学习的好习惯。

（5）任务的提出要符合数学核心素养。目前我国对于高中数学教学的要求，已经不仅仅是使学生掌握知识，更重要的是学生核心素养的发展，所以任务的提出对于发展学生的核心素养应该是有积极意义的。

（6）任务的提出要有人文主义精神。教师要提出有价值的任务，符合对学生人文精神进行培养的规律。此外，提出的任务还应该对高中生学习态度、行为规范、道德准则产生终身的影响。

二、任务型教学的实施过程

任务型教学的实施过程应注重以下几个方面：

（1）在任务型课堂教学中，要注重学生主体地位。把足够的时间留给学生主动学习、交流讨论。让学生感受到作为学习主体的乐趣，促成学生主动学习的心态。

（2）任务型课堂教学是适合于各种课型的教学模式。任务型教学模式不仅适用于新授课，对于复习课、练习课、活动课都具有实际意义。所以，要求教师合理利用。

（3）任务型教学过程中，要注重对于学习情境的创设。一方面，学习情境的创设要符合学生的现实生活，有利于调动学生学习的兴趣以及积极性；另一方面，教学情境要与本节课的内容密切联系。

（4）任务型教学过程的完整性。对于任务型课堂教学，教师很容易忽视的一点是评价。这里的评价包括两个方面：一方面是指学生的自评，即学生对于自身在本节课中任务的完成度，积极参与程度，以及情感方面收获的评价；另一方面是指教师对于学生的评价，对于学生的具体表现以及运用的数学方法的评价。综合以上两种评价，才能对学生的发展起到反馈的作用，达到促进学生核心素养全面发展的目的。

（5）任务型课堂教学要做到面向全体学生。也就是说，使得班级里所有的学生都参与进来，虽然每个学生已有的知识水平不同，但是通过教师提出不同的任务，每个学生都可以找到适合自己的任务，积极参与到课堂中来。教师在这一过程中要做到必须时刻关注学生，督促所有学生积极参与。

（6）教师要主动参与到学生的活动中去。任务型教学模式中，强调任务是由学生主动学习，合作交流完成的，但是也不可忽视教师在这个过程中的主导作用，教师是学生完成任务的引导者。因此，教师应该积极地参与到学生的活动中去，对于学生在完成任务过程中存在的疑问，教师应该给予适时的引导。

（7）教师既要做到使全体学生全面发展，又要根据学生特点获得个性发展。任务型教学并不只是知识的学习，也是促进核心素养发展的过程，更是促进学生全方位和谐发展的过程。

三、任务型教学对于教师自身的要求

数学任务型教学中教师要做到以下三点：

（1）教师应该转变教育理念，提升自身专业素养，提高自己的教育教学水平。教师作为数学教学活动的执行者，数学任务型教学要获得更好的发展，必须要求教师理解并且做到熟练操作，才能在教学中更好地运用任务型教学，促进学生的发展。

（2）教师要有反思的精神。时刻牢记"反思+学习=成长"的理念。对于任务型教学中出现的问题，教师要及时进行反思，善于从自身寻找问题。反思自己对于任务型教学理解得是否透彻；教学的具体实施是否存在问题。

（3）教师要善于利用教学资源。这既包括教师对于学校内部的设备资源，如多媒体的应用；也包括教师对于教材的开发和利用。

四、影响任务型教学的其他方面

对影响数学任务型教学的问题应做到以下几方面：

（1）对教师进行系统的培训，使教师对任务型教学模式理论有更深的领悟，并能形成自己独特的理解。以便教师在以后的教学过程中更好地运用任务型教学促进学生核心素养的发展。

（2）学校对于任务型教学模式应该持支持鼓励的态度，一方面注重教学资源的开发。随着课程标准的实施以及新课程改革，学校应该大力发展新型的有利于学生全面发展的教学模式。而任务型教学模式正好应运而生，学校应该主动帮助教师解决教学过程中的困难，促进任务型教学模式的不断完善。另一方面，要加强对于教学资源的开放，给教师提供配套的教学资源。

（3）应该培养学生主动学习的心态以及自主学习的能力。学生主动学习是任务型课堂教学顺利进行的重要影响因素，只有学生积极主动地配合教师，主动完成任务，才能使教学完成，才能达到促进学生全面发展的目的。学生要想完成任务，必须要有完成任务的能力，所以培养学生一定的自主学习能力是很有必要的。

第三节　思维性原则

数学要想发展，关键在于数学思想和思维的发展。我国高中数学教学中，教师不仅要重视数学知识的传授，更要重视数学思维的培养。数学是一门非常注重逻辑思维的学科，数学思维的发展，是数学能力发展的基础。数学思维的进步，是实现数学核心素养培养的关键因素，下面就以逆向思维来探讨一下高中数学核心素养培养中，如何将思维性原则具体应用到数学教学过程当中。在高中数学解题过程中，有时候按照常规逻辑思维方式无法顺利解答题目，反而应用逆向思维则可以比较轻松地解答题目。高中生需要在学习和训练中掌握一定的逆向思维解题方法，诸如对数学定义的逆向运用，以及反证法思维等，这样可以多一种解题思路，提高解题效率。

一、逆向思维对于数学解题有着极大的重要性

在高中数学解题过程中，大部分学生都习惯于使用正向思维，通过已知条件和方法来解答所遇到的数学题目。大部分情况下，这种方法是适用的。然而在有些时候，通过正向思维方式解答数学题目会很难，甚至感觉到无从下手，面对这种情况，高中生就可以选择通过逆向思维的方式来尝试解答数学题目。

在数学发展史以及科学发展史的历程中，逆向思维是一种很重要的思维方式，甚至在某种程度上推动了数学以及科学的发展，通过逆向思维方式解决问题的情况屡见不鲜。对高中生来说，逆向思维是一种很好的思维训练方式，可以拓展思维，逆向思维是对数学思维的灵活运用。从实用的角度来讲，还可以大大提高数学解题的效率。尤其是遇到一些正向思维难以解决的数学问题时，逆向思维通常会有更好的效果。

二、逆向思维解题的方法探索

高中生在使用逆向思维解题的时候，需要讲究一定的方法和策略，这样可以提高逆向思维解题的针对性和有效性。

（一）对数学定义的逆向使用

数学定义是数学解题的基础工具，某些数学定义实际具有一定的逆向特点。在遇到一些数学题目的时候，如果发现通过正向思维无法解决问题，则可以考虑逆向使用一些对应的数学定义，通常可以让题目变得更加简单，从而有利于解出答案。

例题1：假设如下三个等式成立①$x-y=z$；②$2x^2-2x+z=0$；③$2y^2-2y+z=0$。求z值。

如果按照通常的正向思维，则会选择使用消元法来尝试求值，三个未知数，三个等式，从理论上是可以求出未知数的。然而由于未知数较多，应用消元法来求解会比较烦琐，甚至过程中还容易出错。遇到这种情况，我们不妨考虑逆向思维。通过审题我们发现题目已知条件中的等式②和③分别为$2x^2-2x+z=0$和$2y^2-2y+z=0$，两个等式除了未知数不同，其余方面完全一致，我们通过对一元二次方程定义的逆向运用，则可以认为x和y就是二元一次方程$2a^2-2a+b=0$的两个解。然后根据韦达定理，则可以得出$x+y=1$，$xy=z/2$。结合题目中已知条件①$x-y=z$，根据$(x-y)^2=(x+y)^2-4xy$，将对应的数值代入，可以得到：$z^2=1-2z$，这就变成了一个很简单的一元二次方程，求解可得$z=-1\pm\sqrt{2}$。

由此可见，通过对数学定义的逆向使用，可以大大简化求解过程，让一些复杂的数学题的解题过程变得更加简单。

（二）反证法思维

反证法是一种常见的数学证明方法，通常从否定命题的结论入手，将命题结论的否定假设为推理的已知条件，然后通过正确的规范的逻辑推理，得出的结果与已知条件、数学公理法则等相矛盾。如果出现这种矛盾，则说明假设不成立，因此命题从相反的方面获得了证明。通常反证法通过三个步骤进行，第一步是反设，也就是做出与命题求证结论相反的假设；第二步是归谬，也就是将第一步的假设作为条件，然后采用正确规范的逻辑推理得出矛盾的结论；第三步就是结论，说明假设不成立，从而证明原命题结论是成立的。反证法既可以用于解答题，也可以用于快速解答判断题、选择题等题型。

例题2：给定实数a，$a \neq 0$且$a \neq 1$，设函数$y=(x-1)/(ax-1)$，其中$x \in \mathbf{R}$且$x \neq 1/a$。证明：经过这个函数图像上任意两个不同点的直线不平行于x轴。

面对这个题目，如果采用正向思维，因为函数有较多未知数，解题过程会比较复杂，对部分学生来说可能感觉到无从下手。如果采用逆向思维，则可以考虑反证法。题目中的结论是不平行，那我们就先进行反设，也就是先假设平行。然后以平行结论来进行逻辑推理，找出与已知条件或者数学公理等矛盾的地方，也就是进行归谬，从而否定假设，从相反角度进行证明。

根据题意，我们假设$K_1(x_1, y_1)$和$K_2(x_2, y_2)$是函数$y=(x-1)/(ax-1)$的图像中的两个任意不同的点，则$x_1 \neq x_2$。根据反设，假设直线K_1K_2与x轴平行，则$y_1=y_2$。将这一结果代入函数$y=(x-1)/(ax-1)$中，则可以得到$(x_1-1)/(ax_1-1)=(x_2-1)/(ax_2-1)$，经过整理可得$a(x_1-x_2)=x_1-x_2$。因为$x_1 \neq x_2$，所以$a=1$。从反设得出的$a=1$这一结论与已知条件中的$a \neq 1$是矛盾的，因此平行的假设是不成立的，也就是直线$K_1K_2$不平行于$x$轴。

由此可见，通过反证法，对应一些正向思维难以证明的问题，可以更迅速，更简单地进行证明，而且逻辑上也是符合要求的。

综上所述，我们可以看到逆向思维在高中数学解题中拥有特别的作用。高中生在日常学习和训练中，需要掌握一定的逆向思维方法。在高中数学题目解题中，并非所有的题目都适合使用逆向思维。有些数学题目，使用正向思维可以更快更准确地得出答案，这个时候就应该选择正向思维。逆向思维属于一种解题选择，遇到一些正向思维难以切入或者难以解决的数学题时，逆向思维可以提供一个解题的思路选择，通常会有出其不意的好效果。学生学习逆向思维解题的时候，千万不要看到数学题就尝试用逆向思维，而是要根据实际情况来判断是否适合应用逆向思维。

第四节　人文性原则

人文性原则，主要是为了让高中生真正了解数学的文化魅力，了解数学的发展历史，从而真正对数学产生爱。数学文化，也属于高中数学文化素养之一。尽管在高中核心素养中，并没有将其单独列出来，实际上从数学的发展来看，注重数学文化的学习，也成为要求之一。在新版高中数学教材中，有许多涉及中国数学史的内容，这些内容体现了中国历史进程中数学发展的高度，展示了中国古代数学家取得的成就。过去，我们的高中数学教学对中国数学史和传统文化的教育不够重视，这是因为我国现代数学教学体系基本上源自西方，并且中国古代数学知识大都用文言阐述，而不是用公式表达，使得一些习惯了现代数学表达方式的学生学习理解起来并不轻松。其实，中国数学史与传统文化是我国数学发展的瑰宝，在高中数学课堂教学中渗透数学史和传统文化教育，能够提升数学学科魅力，增强高中生的文化自信。

一、渗透中国数学史与传统文化，让高中数学课堂变得更有魅力

在一些高中生的眼中，高中数学课堂是枯燥乏味的，各种抽象的公式和计算，让部分高中生甚至对数学课堂学习望而生畏，更不用说去领略数学之美了。在文理分科的时候，有些高中生仅仅因为害怕数学学习而选择文科，实际上文科一样也需要学习数学，由此可见，数学没有学好的话，会对高中生造成很大的困扰。之所以出现这种情况，与我们高中数学课堂教学中，缺乏生动性有关，而在课堂教学中如果能够渗透中国数学史的一些传统文化内容，则可以让我们的课堂变得更活跃，更有魅力。

在中国古代数学中，实际上有许多数学趣味题目，在我国《算法统宗》中有这样一个题目：

"远望巍巍塔七层，红灯点点倍加增。共灯三百八十一，请问尖头几盏灯。"这道题被引入高考全国卷，这也代表着一种趋势，就是高考也开始重视中国数学传统知识。经过转化分析，这个题目的关键在于将条件转化为一个等比数列，这样就很容易计算出答案。假设塔尖是 x 盏灯，那么倒数第 n 层就是 $2^{n-1} \times x$ 盏灯，所以从上至下灯的数量形成了一个明显的等比数列，一共有七层，进行等比数列求和：（$1+2+4+8+16+32+64$）$x=381$，很容易解答出答案为3盏灯。在中国古代数学经典著作中，有很多数学题目都值得研究。

在庄子的《南华经》中有"一尺之棰，日取其半，万世不竭"的说法，实际上这就涉及了极限的探讨，今天的高中生能够用微积分的计算方法，得出一个正确的结论。这种涉及中国数学史知识的学习，不仅能够让高中生了解数学，更重要的是让课堂变得有活力，吸引学生去思考琢磨数学问题，他们会在这种思考中领悟数学方法与思维。

二、渗透中国数学史教育有助于激活高中生的学习兴趣

高中数学教材之所以会选编一定数量的中国数学史知识，一方面是为了让学生了解中国数学史相关的传统数学文化知识；另一方面也有通过数学史知识激活高中生学习数学知识兴趣的目的。兴趣产生的缘由是多方面的，但是一旦有了兴趣，高中生数学成绩就会显著提升，数学思维能力和水平也会得到极大的发展和进步。

高中数学教材中有一些数学史和传统文化的内容，教师还可以通过自己的方式来收集整理一些中国数学史和传统文化的材料，然后在课堂教学的过程中，巧妙地渗透进去，这样可以让学生感受到一种文化的魅力，从而产生学习的兴趣。例如，在圆周率的求解上，中国古代长期领先于世界，比较著名的就是刘徽的割圆术，其实刘徽割圆术的价值不仅仅在于对圆周率的精确求解上，而且已经具备了极限思想雏形和无穷小分割的数学方法，这就是我国古人的数学智慧。教师在讲解的时候，加入一些中国古代圆周率求解的历史故事、人物和他们的数学思想，还可以与西方在圆周率的求解历程上进行对比，增加课堂

的趣味性，让高中生去领悟古人的数学智慧。圆周率求解也有一些经典题目，甚至衍生出一些高考试题，教师可以将其整理出来，然后在课堂上边讲述古代数学史相关知识边引导学生去分析，两者融合起来教学，让数学教学生动起来，让学生产生一种跟中国历史著名数学家进行数学智慧交流的感觉，这样的教学方式学生会更感兴趣。

其实，高中数学的难度并不高，在教学实践中，我发现如果学生真正对学习感兴趣的话，成绩都可以显著提升。最为关键的是，对学习有兴趣的学生，教起来非常轻松，因为他有足够的学习主动性，教师指点一下就效果明显。中国数学传统文化非常丰富，简直就是一座丰富的文化宝藏，高中数学教师应该努力挖掘其中与高中数学知识相关、与高中数学思想相关的内容，在课堂教学中，合理渗透，巧妙融入，让数学教学变得丰富立体，也给学生更多产生学习兴趣的契机。这样既可以提高数学学习成绩，也可以发展高中生数学思维，这是一种非常难得的教学突破点。

三、渗透中国数学史教育能够帮助高中生提升文化自信

我国数学基础教育采用的是源自西方的近现代数学体系，导致有些人产生一种错觉，那就是中国古代对于现代数学体系的贡献很小，甚至有人会认为中国古代几乎没有突出的数学成就和成果。实际上，我国古代数学的发展水平在很长一段时间里都居于世界先进水平，真正落后是到了近现代。例如，著名的毕达哥拉斯定理，在我国古代被称为"勾股定理"，在公元前11世纪商朝的时候就由商高发现和提出，比毕达哥拉斯学派公元前6世纪提出这个定理要早500多年。然而在世界数学领域，大部分人都喜欢用毕达哥拉斯定理来称呼，这就是我国近现代数学落后，中国数学史知识没有产生世界影响力的缘故。让高中生了解中国数学史知识，真正对中国古代数学史有了解，就会对古人的数学智慧更加佩服，能够产生一种民族自豪感，这是一个国家崛起需要的文化底蕴和文化自信。

中国古代数学史大都是基于现实需求产生的，例如，观测天象来制定历法、亭台楼阁和宫殿的设计及土木建筑、水利工程、仓储管理运输、造船海运等，比较注重实用性，而对于抽象性的概括不够，这也是中国古代数学没有发

展成为体系化数学的一个重要原因。加上中国古代教育更偏重人文教育，而对数学教育的普及重视程度不够，导致数学知识的传播范围不广，有很多时候都是父子、师徒相传，很容易出现传承断层，有些古人的研究成果没有流传下来，更谈不上发扬光大。西方近代数学启蒙的时候，数学家都从古代希腊罗马的数学和哲学中寻找灵感，追本溯源，从而开启了近现代数学高速发展的时代。中国古代数学拥有丰富的资源，对中国古代数学史的探究与分析，也能够整理出中国古代数学发展的脉络，其中的经验教训对于现代中国数学发展依旧有着重大而深远的意义。

在课堂教学中让高中生了解和学习中国数学史、渗透中国传统文化，可以帮助高中生提高数学文化素养，让他们知道中国古代曾经有过灿烂的高度发达的数学成就，中国古人拥有高超的数学智慧和钻研精神，刺激高中生思考中国数学近现代落后的原因，提升他们的思维境界和高度。

高中数学课堂教学，不应该仅仅是数学知识的传授和解题技巧的训练，更应该是一种数学精神的熏陶。在高中数学课堂教学中，渗透中国数学史的教学内容，可以引领学生探索中国古代数学智慧，产生一种数学文化自豪感。当然，如果学生对中国古代数学史产生兴趣，并主动探索研究的话，这会在很大程度上提升学生的数学文化修养，这也是符合数学核心素养培养目标和要求的。

第五节 创造性原则

随着国际交流的逐步加强，在教育教学领域，学生之间的比拼已经不仅仅是停留在知识层面，而是更注重创造能力。培养学生的创造精神和优秀的创造性思维，是新课程改革背景下高中数学教学中一项长期而艰巨的任务。创造性原则，是核心素养培养下的重要原则之一。在数学核心素养中，抽象素养对于创造性的影响最大。下面就以高中数学抽象素养培养为例，对创造性原则如何融入教学中进行探讨。

一、数学抽象素养概念和内涵

《新课标》从数学抽象素养的内涵、数学价值、教育价值、具体表现及水平划分来多方面详细阐述数学抽象素养。本书在其基础上加入自己的理解与思考，以达到对数学抽象素养更深刻更全面的理解，为后续研究做理论铺垫。数学抽象素养是指通过对数量关系与空间形式的抽象，得到数学研究对象的素养。数学抽象是数学的基本思想，是形成理性思维的重要基础，反映了数学的本质特征。数学抽象使得数学成为高度概括、表达准确、结论一般、有序多级的系统。数学抽象素养的教育价值是通过高中数学课程的学习，学生能在问题情境中抽象出数学概念，积累从具体到抽象的数学活动经验；养成在生活实践中理性看待问题、思考问题的习惯，并能把握事物本质；运用数学抽象的思维方式思考并解决问题。数学抽象素养具体表现为获得数学概念和规则，提出数学命题和模型，形成数学方法与思想，认识数学结构与体系。

《新课标》中，数学抽象素养被划分为三个水平，这三个水平是根据数学抽象素养的具体表现和能体现出数学抽象素养的四个方面，即情境与问题、知识与技能、思维与表达、交流与反思来表述的。

水平一：能在熟悉情境中抽象出数学问题，形成数学概念和规则，能在特例基础上归纳并形成简单的数学命题。能了解命题的条件与结论，能模仿学过的数学方法解决简单问题。了解用数学语言表达的推理论证，能在解决相似的问题中感悟数学的通性通法和其中的数学思想。交流中，能结合实际情境解释相关抽象概念。

水平二：能在关联的情境中抽象出一般的数学概念和规则，将已知数学命题推广到更一般的情形，在新的情境中选择和运用数学方法解决问题。能理解数学命题的条件与结论，用恰当的例子解释抽象的数学概念和规则，构建相关数学知识之间的联系。能理解用数学语言表达的概念规则，进行推理论证，提炼出解决一类问题的数学方法，理解其中的数学思想。交流中，能用一般概念解释具体现象。

水平三：能在综合的情境中抽象出数学问题，并用恰当的数学语言予以表达，能在得到的数学结论基础上形成新命题，针对具体问题运用或创造数学方法解决问题。能通过数学对象、运算或关系理解数学的抽象结构，理解数学结论的一般性，能感悟高度概括、有序多级的数学知识体系。在现实情境中能把握研究对象的数学特征，并用准确的数学语言予以表达；能感悟数学的通性通法和其中蕴含的数学思想。交流中，能用数学原理解释自然现象和社会现象。

二、高中生数学抽象素养的培养建议

要想使每一个高中生数学抽象素养在原有基础上有所提升，有所进步，需要多方共同努力，坚持不懈地为学生的发展而奋斗。数学抽象素养是高中生数学核心素养的重要内容，也是抽象逻辑思维发展的基础，高中生抽象素养的培养，需要教师用心去引导。

1. 在实践中践行

俗话说，一个人的思想决定一个人的行为。在教学中亦是如此，教师的教育理念决定教师的教育行为。例如近几年全球各国都在倡导的核心素养，再如比较经典或者被多数人所认同倡导的"在活动中学""生长数学""每天进步一点点""精讲多练""以学生为中心"等先进教育理念。这里要提一点，

"在活动中学"教育思想，我认为它是教育史类书籍里众多思想中的一个，一个高处不胜寒的教育理念。对教师而言，应积极在课堂实践中践行国家倡导的、自己认同信仰的教育理念。无论是自己的课堂还是其他优秀教师的课堂，亲身感受并在思考后践行之，日复一日，一以贯之，学生会离我们的期望教育目标越来越近。要发展高中生的数学抽象素养，那教师必定要厘清数学抽象素养的来龙去脉，如与数学核心素养的关系，与逻辑推理、直观想象、数学运算、数学建模、数据分析的关系，与三维目标的关系等，再经过同行间交流，自己思考总结并凝练，最后把培养学生数学抽象素养内化于自己的教育理念中，理念指导行动，学生的数学抽象素养必定会有所提高。校内同行间交流，自己思考总结，这些都是更新教育理念的好途径，除此之外，教师应该积极主动参加数学教育相关的会议或讲座，从学校之外吸收优秀的教育理念方法，不断丰富自己的教育阅历。

2. 在备课中潜心研究数学抽象素养

人们常说"台上一分钟，台下十年功"，这句话在教师身上体现得淋漓尽致。对多数教师来说，备课应该是最磨人最耗时的事情。由于这个原因，部分教师投机取巧，经常随便一备，就走上讲台。这样，学生的数学抽象素养怎能有所提高。在现实教学中，教师每份教案的生产流程应该是听课—大学教材—中学教材—教参—习题—教案选—杂书。教师备课到底是站在搬运工的角度还是站在教材编写者的角度，不同的选择，会导致不同效果的课堂。要发展高中生的数学抽象素养，备课时，教师必定要设计好在哪里、怎么组织活动，怎么说才能有针对性地培养学生的数学抽象素养。备课，实际上就是教学规划，它决定着教师教学活动的展开。好的备课，都充分考虑了学情，以及教学内容，这样的备课，更有利于实现培养学生数学抽象素养的教学目标。

3. 课堂教学中注意落实数学抽象素养

在概念教学时，教师应在师生互动基础上，通过某些适当途径一步步启发学生抽象出数学概念。"真正有效果的课堂学习是师生双方的互动。"这是很多教育家、优秀教师所认同的看法，我在不同数学教育会议或讲座中多次听到，可反观高中数学课堂，极少数教师的课堂才会有意识地、有目的地、自然地穿插有意义的师生活动，多数教师的课堂仍然是满堂灌填鸭式，以教师为中心。例如一节新授课，按照教材情境问题引入，学生不会做，教师开始讲，给出新概念，继续讲例题，学生随堂练习，教师继续讲题，最后总结布置作业。这样的新授课与习题课有多大区别，在这样的课堂中只能看到教师唱独角戏般地完成教学任务，这样的课堂教学怎会利于学生数学抽象素养的培养？在师生互动基础上，再加上教师的精心启发，会使学生更好地吸收概念形成过程。例如《椭圆的定义》，一般水平学生仅通过课本动手实践活动很难完整抽象出椭圆的定义，这时教师应该利用学生认知结构中已有的关于圆的定义抽象经验，以此类比，通过问题引导学生思考，逐步抽象出椭圆的定义。而不是将师生活动流于形式，活动做完教师直接给出定义。

采用多样化的课堂教学方式，以更好地落实数学抽象素养。教学方式有很多，如讲授法、阅读自学、信息化教学等。针对不同内容，采用不同的教学方式，不要仅仅局限于讲授与练习。在实践中，我发现信息化教学在高中课堂的应用比较匮乏，高中数学中很多概念，如立体几何中的定理，对学生来说非常抽象，有时仅靠教师讲解，学生还是不容易理解，抽象的数学概念经常是学生学习的一个难点，那教师可以趁此机会借助信息化教学手段培养学生的数学抽象素养，使学生轻松愉悦地经历数学抽象活动过程，培养数学抽象素养。在合适情况下，多采用信息化教学，可以很好地在课堂上帮助学生抓住概念本质，突破难点，提高学生的数学抽象素养。

课堂教学更关注学生亲历数学过程的多寡。数学教育家克鲁捷茨基指出：学生数学素养差异的原因主要体现为亲历过程的多寡，反映在探索中获得的体验的丰富程度上，即独立探索、思考数学问题的机会和程度。在有意识培养学生数学抽象素养的目标下，亲历数学过程的多寡可以理解为：使学生更多地经历数学抽象活动过程。数学抽象过程也就是经历一次完整的数学问题发现过程。学生通过发现问题的活动，就能逐渐理解怎样用数学的眼光观察现实世界，学会舍弃事物表面，看数学本质。这不就是我们期望学生具有的数学抽象素养吗？从"等比数列前n项和"内容中可以看到，课堂教学中落实数学核心素养，完成教学内容、教学目标与学生多参与，这两者通过教师的精心设计是可以双赢的。除了课堂教学中让学生多亲历情境与问题的过程，在课后倡导学生将教师精心筛选的数学问题以独立探索、思考的方式或小组内讨论的方式完成，重点是学生亲历数学问题解决的过程，以此来提高学生的数学抽象素养。

　　课堂教学落脚点可以放在体现数学抽象素养的四个方面，即情境与问题、知识与技能、思维与表达、交流与反思。对于新教师，我认为当面对海量教辅资料时，我们应抓本质，即《课程标准》。在《课程标准》中，明确谈到在情境与问题、知识与技能、思维与表达、交流与反思这四个方面可以体现数学抽象素养，那在课堂教学中，教师可以时刻审视自己在这四方面是否做到期望目标。即你准备在这四方面如何培养学生的数学抽象素养，学生的课堂反应是否达到期望中的水平。因此，在课堂教学中，要想培养学生数学抽象素养，可以把落脚点放在情境与问题、知识与技能、思维与表达、交流与反思这四个方面。

4. 课后开展利于培养高中生数学抽象素养的活动

　　开展学生说题活动。由教师制订详细计划负责培养学生说题。作为教师，我们深切体会到教学相长的道理和益处，学生说题是一个特别高效的学习方法，通过说题，可以培养学生解决数学问题时的思维习惯、思维品质，因此学生的数学抽象素养得以发展，以及在说题中，学生不仅学会解这道题，更举一反三学会了解一类题，从中巩固、加深了对题中涉及的概念的理解，逐渐抓住概念的本质，毫无疑问也会提高学生的数学抽象素养。因此，开展学生说题活动是培养高中生数学抽象素养的一个既有效又具有可操作性的途径。

　　强调概念应用。课后考概念这个活动，对于自学能力差的学生，很适用也很有必要。高中数学有些模块概念偏多，而且学生特别容易混淆，如平面向量这一模块。有些模块概念特别抽象，本就是高中数学的难点内容，如圆锥曲线这一模块。对于有这样特点的数学概念，对自学能力差的学生，考概念相当于推动他们理解抽象概念并在逐步练习中将其内化于自己的认知结构，最终使其数学抽象素养得到提高。

第三章

在高中数学课堂教学中渗透核心
素养培养的途径和方法

第一节　吃透教材切实了解核心素养要求

教材是教学的框架和基础，核心素养的培养，不能脱离教材。吃透教材，是完成核心素养培养的基础工作。基础教育课程改革正在深入进行，新课程改变了原来内容"难、繁、偏、旧"和过于注重书本知识的现状。在新课程中，传统意义上的教师教和学生学，将不断让位于师生互教互学，彼此形成一个真正的学习共同体。教学过程不只是执行课程计划的过程，而是师生共同开发课程、丰富课程的过程，是师生富有个性化的创造过程，这就需要我们具备一定的课程整合能力、设计能力和开发能力，根据教学的需要，采用自己认为最合适的教学形式和教学方法，决定课程资源的开发、利用。下面就对新教材的整合和开发谈谈自己的一些做法。

一、整合教材，调整课本的内容

在新教材使用的过程中，如果我们能对教材进行合理的整合，就可以有效地突出重点，突破难点，更有利于学生的理解和接受，从而优化教学的效果。

课本里的正弦定理是用向量证明的，我认为其思路不够自然，其技巧难以想到，让学生不容易理解。在处理这节内容时，我首先沿用传统教材的证明方法，利用面积公式证明正弦定理。我认为，对于传统教材，要本着实事求是的科学态度，汲取精华，去其糟粕，该借鉴的还是应该借鉴。

用传统方法证明了正弦定理后，我提出问题，我们能不能还是用向量来证明正弦定理，但不用教材上的证明方法，我们尝试着用向量的坐标表示进行证明。

案例1　高中数学（必修）第五册正弦定理、余弦定理的推导。

如图①，以 A 为原点，AB 所在的直线为 x 轴，建立直角坐标系，

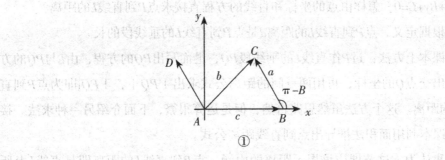

①

设 $|\overrightarrow{BC}|=a$，$|\overrightarrow{AC}|=b$，$|\overrightarrow{AB}|=c$，$AD=BC$，

则有

$\overrightarrow{AB}=(c,0)$，$\overrightarrow{BC}=\overrightarrow{AD}=(a\cos(\pi-B)$，$a\sin(\pi-B))=(-a\cos B$，$a\sin B)$，

$\overrightarrow{AC}=(b\cos A$，$b\sin A)$

由 $\overrightarrow{AC}=\overrightarrow{AB}+\overrightarrow{BC}$，有

$(b\cos A$，$b\sin A)=(c,0)+(-a\cos B$，$a\sin B)=(c-a\cos B$，$a\sin B)$.

即有　$b\cos A=c-a\cos B$，　　　（1）　　　　$b\sin A=a\sin B$，　　　（2）

　　　　$(b\cos A)^2+(b\sin A)^2=(c-a\cos B)^2+(a\sin B)^2$　　　（3）

由（1）有　　　$b\cos A+a\cos B=c$，　　　由（2）有 $\dfrac{a}{\sin A}=\dfrac{b}{\sin B}$，

由（3）有　　　$b^2=c^2+a^2-2ca\cos B$，

即分别为射影定理、正弦定理和余弦定理。

就这样，我们用传统的方法证明正弦定理，使学生感到思路自然。在证明的过程中，让学生了解正弦定理的几何意义，感受到数学的对称美，获得积极的情感体会，继而启发学生运用刚刚学过的向量的坐标进行推导，把课本上的三个内容有机地结合在一起，构成新的知识体系，让学生学会学习。

二、填充教材，优化课本的功能

对于教材中不足的内容，要进行补充，完善课本的内容。

案例2　高中数学（试验修订本·必修）第二册点到直线距离公式的推导。

在平面直角坐标系中，如果已知某点P的坐标为(x_0,y_0)，直线L的方程是$Ax+By+C=0$，怎样由点的坐标和直线的方程直接求点P到直线L的距离？

根据定义，点P到直线L的距离d是点P到直线L的垂线段的长。

课本上方法：过P作直线L的垂线段PQ，继而写出PQ的方程，由L与PQ的方程求出交点Q的坐标，再用两点间的距离公式求出$|PQ|$，$|PQ|$即为点P到直线L的距离。这个方法虽然思路自然，但是运算很繁，下面介绍另一种求法。接着，课本利用面积法推导出点到直线距离公式。

我认为，这节课应该揭示距离的内涵，点P到直线L的距离即是直线L上所有的点与点P的距离的最小值。

解法一：设直线L上任一点N的坐标为(x,y)，

当$B \neq 0$时，将直线L改写为$y=kx+b$（其中$k=-A/B$，$b=-C/B$），则有

$$|PN|^2=(x-x_0)^2+(y-y_0)^2=(x-x_0)^2+[kx+(b-y_0)]^2$$

$$=(1+k^2)x^2-2[x_0-k(b-y_0)]x+x_0^2+(b-y_0)^2,$$

由二次函数的性质知

$$|PN|_{min}^2=\frac{4(1+k^2)[x_0^2+(b-y_0)^2]-4[x_0-k(b-y_0)]^2}{4(1+k^2)}$$

$$=\frac{k^2x_0^2+(b-y_0)^2+2kx_0(b-y_0)}{1+k^2}$$

$$=\frac{(kx_0+b-y_0)^2}{1+k^2}=\frac{(Ax_0+By_0+C)^2}{A^2+B^2}$$

$$\therefore |PQ|=|PN|_{min}=\frac{|Ax_0+By_0+C|}{\sqrt{A^2+B^2}}$$

当$B=0$时，上式依然适用。

接着我们探讨有没有比较简单的解法。

$$d=\sqrt{(x-x_0)^2+(y-y_0)^2}$$

解法二：针对目标，构造模式。

直线PQ的方程为：$B(x-x_0)-A(y-y_0)=0$ （1）

将L的方程写为：$A(x-x_0)+B(y-y_0)=-(Ax_0+By_0+C)$ （2）

（1）^{2}+（2）^{2}即有 $d=\sqrt{(x-x_0)^2+(y-y_0)^2}=\dfrac{|Ax_0+By_0+C|}{\sqrt{A^2+B^2}}$

再探讨，能否将前面的两个证明进行整合？

解法三：由（2）式的左边容易联想到向量的数量积。如图②作 $PQ\perp L$ 于 Q 点，设点 N 为直线 L 上的任意一点，则 $\overrightarrow{PN}=(x-x_0,\ y-y_0)$，$\overrightarrow{n}=(A,\ B)$（$\overrightarrow{n}$为直线 L 的法向量）。

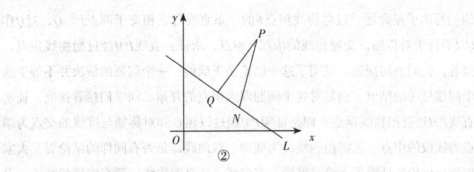

②

（2）式即为 $\overrightarrow{PN}\cdot\overrightarrow{n}=-Ax_0-By_0-C$，

由于 $|\overrightarrow{PN}\cdot\overrightarrow{n}|\leqslant|\overrightarrow{PN}|\,|\overrightarrow{n}|$，

故 $|-Ax_0-By_0-C|\leqslant\sqrt{(x-x_0)^2+(y-y_0)^2}\,\sqrt{A^2+B^2}$，

即有 $|\overrightarrow{PN}|=\sqrt{(x-x_0)^2+(y-y_0)^2}\geqslant\dfrac{|Ax_0+By_0+C|}{\sqrt{A^2+B^2}}$。

$\therefore|\overrightarrow{PQ}|=|\overrightarrow{PN}|_{\min}=\dfrac{|Ax_0+By_0+C|}{\sqrt{A^2+B^2}}$。

解法一返璞归真，让学生感知和理解知识发生和发展的过程，解法二凸显数学的整体思想，让学生感悟数学的本性，解法三发挥了向量的功能，展示出新教材内容的魅力。

三、开发教材，拓展课本的作用

在学习中，我要求同学们在研究问题得出结论后，养成反思的习惯。反思对于学生来说是一种富有个性化的创新精神的探索活动，使学生进一步优化思维过程，探索和发现规律，揭示问题的本质属性，从而更好地掌握知识。

案例3 高中数学（试验修订本·必修）第二册习题8.6的第6题。

过抛物线焦点的一条直线与它交于两点P、Q，经过点P和抛物线顶点的直线交准线于M，求证：MQ平行于抛物线的对称轴。

上习题课时，我们共同研究这个题目，同学们很快就做完这道题。按照我的要求，同学们将题目进行变式，即变条件，变结论，然后再思考。同学们从数学的角度提出问题，把这个题的条件和结论互换，命题是否依然成立呢？他们写出了逆命题：过抛物线焦点F的一条直线与它相交于两点P、Q，过Q作QM平行于对称轴，交抛物线的准线于M点，求证：直线PM经过抛物线顶点。接着，他们共同探索，证明了这个结论是正确的。一个问题的解决并不等于这个问题思考的结束，而是对这个问题深入研究的开始。同学们接着探究，证明直线PM经过抛物线顶点，即是证明PM经过以焦点和对称轴与准线的交点为端点的线段的中点。若将抛物线改为椭圆、双曲线，是否有同样的结论呢？大家探索、讨论后证明了无论是椭圆、双曲线，还是抛物线，都有同样的结论。但都是用解析几何的方法证明的，其过程比较繁。"你可能找出一个新的更好的解，你可能发现新的有趣的事实。"按照G.波利亚的教导，同学们找到了共同点：过P作PN垂直准线于N点，都可以用圆锥曲线的第二定义证明，解题过程中只要求比值相等，而和比值的大小无关，因此在圆锥曲线中有统一的结论。他们还寻求到了简单的证明方法。

设过圆锥曲线的焦点F的直线与圆锥曲线相交于P、Q两点，其相应准线L与X轴相交于E点，点M在相应准线上，且$MQ /\!/ X$轴，$FE \perp L$于E点，即证明PM经过线段EF的中点G。

作$PN \perp L$于N点，此题即为这样的平面几何题：如图③，在直角梯形$MNPQ$中，$MQ /\!/ EF /\!/ NP$，

$PF/PN = QF/QM$，

PM交线段EF于G，求证：$EG = GF$.

证明：$MQ /\!/ EF /\!/ NP$

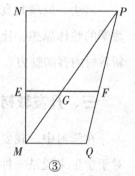

③

$$\Longrightarrow \begin{cases} \dfrac{EG}{PN} = \dfrac{MG}{PM} = \dfrac{QF}{PQ} \Longrightarrow EG = \dfrac{QF \cdot PN}{PQ} \\[3mm] \dfrac{GF}{QM} = \dfrac{PF}{PQ} \Longrightarrow GF = \dfrac{PF \cdot QM}{PQ} \\[3mm] \dfrac{PF}{PN} = \dfrac{QF}{QM} \Longrightarrow PF \cdot QM = QF \cdot PN \end{cases} \Longrightarrow EG = GF$$

这个证明方法简洁明了，干脆利落，直取结果。将几个比较复杂的题目穿插在一起，一箭三雕，可谓借石攻玉。

这样，我们整合、开发教材，充分利用和发挥教材的功能和作用，设计具有现实性、趣味性和挑战性的问题，为同学们自主探索开拓了广阔的空间，让同学们经历了观察、猜测、推理、交流、反思等过程，获得对数学较为全面的理解和体验。使他们逐步养成求实、说理、批判、质疑等理性思维的习惯和锲而不舍地追求真理的精神。

四、吃透教材中的几点注意

《新课程》要求学生的学习由被动地、接受地学习转变为主动地、探索地学习，要求学生在探索学习的过程中，感受和体验知识发生和发展的过程，主动地、创造性地获取知识，提高综合学习的能力。数学教学材料也应体现这一要求，因此教师必须精心加工教材内容，使教材更贴近于学生的生活，更有利于他们进行探索性学习。

首先，注重教材内容的心理倾向。教材内容心理化是促进多元智能发展的润滑剂和催化剂，可以更好地激发学生的探索热情和认知欲望，也可以使教材内容同学生的经验与体验建立联系，促进思维的活跃，激起他们的联想和创意，保持学习的持久。

其次，注重教材内容的问题导引。问题是学习的枢纽，将问题序列展开，便给学生提示了学习和探究的线索，同时激发了学生求解问题的好奇心。而要把学习知识的过程变成分析和解决问题的过程，就需要将教材问题化。新教材十分注重把问题解决作为重要的教材设计思想，与旧教材相比，许多章节都以一个精彩而又引领整章或整节的问题放在引言或开头部分，教师通过对这些教材的精心再加工，可以把教材内容变成问题的"链接"，着力将学生指引到丰富多彩的问题情境中，引导学生凭借自己的努力（尝试、探索、调查、实验、合作等）一个个地进行问题求解，通过问题解决策略的实施，真正掌握隐含于问题背后的科学知识与解决问题的技能，在解决问题的过程中激起学生的问题意识，生成更多、更深刻的问题，并在此基础上形成自主学习、探究学习的能力。

再次，注重教材内容的操作流程。教材所呈现的知识是死的，它只能通过学生的活动，通过学生的种种操作，才能内化为学生头脑中的经验系统。因此，教师在知识教学中，要注意展示知识发生的过程，将静态的知识结论变为动态的探索对象，让学生付出一定的智力代价，在认知活动中探索未知、体验情感，从而最大限度地引导学生积极主动地参与教学活动，引导学生在做中学、用中学，帮助学生建构知识的意义，有效地实现"知识训练智力"的价值。

同时，注重教材内容的人文情怀。数学教学过程要让学生在身心两方面都得到和谐发展，实现科学价值与人文价值的有机整合。首先我们真诚地热爱学生，信任学生，积极开发学生的潜能，将课堂学习活动看成知与情的统一过程。其次充分利用数学家、科学家在成长和研究过程中的故事，吸引学生对数学产生浓厚的兴趣。读史使人明智，给人启迪，数学并非只有符号、表达式，我们可以加强数学史在数学教育中的地位和作用，在数学教育中渗透生活化和大众化理念，让理论与实践紧密联系。最后，注重教材内容的结构构建。学习中尽可能地让学生掌握数学知识的结构，而不能"见树不见林"。著名心理学家布鲁纳指出："学习'结构'就是学习事物是怎样关联的。"这就要求我们教师教某部分知识的时候，要注意瞻前顾后、左顾右盼，在一章节结束时也可以引导学生组合相关知识和构建知识系统框架。

第二节 基于核心素养规划教学认真备课

核心素养的培养，从备课中就应该体现出来。一般来说，备课就是教学设计，在教学设计中，就应该将核心素养的培养意识和方法渗透进去，才能取得更好的教学效果。不过在《新课程》背景下，它强调的是"采用系统设计教学的原理来进行的"。当代著名教学设计理论家迪克和赖泽称当今的备课为系统化备课，他们认为："备课就是对长期或短期的教学活动做出计划，所以，备课也就是规划教学"。在新课程背景下，用系统方法把各种教学资源有机地组织起来，对教学过程中相互联系的各个部分的安排做出整体规划，建立一个分析和研究的方法，制订解决问题的步骤，对预期结果进行分析，这一过程就是备课。实际上，所谓备课，也就是为了达到教学目标，对教什么、怎样教以及教出什么效果所进行的设计。

理解备课的含义，要注意以下要点：备课的目的是要促进学生产生预期的变化；教学的目标应当体现为学生的发展而不是教师做了些什么；备课的重点是要对资源和程序做出有利于学生学习的安排；备课的操作是"设置教学事件"，以唤起、维持和推动学生学习；备课的成果是制订符合学生实际的处方，有效解决教与学中的问题。

一、备教材

1. 确定教学目标

教学目标是通过教学活动以后，学习者应该掌握的知识和技能，发展的能力，培养的态度，情感和形成的观念等指标，一般应该用可观察、可测定的行为术语精确地表达出来，同时，教学目标也要尽可能反映学习者内部的变化。教学目标是教学活动的出发点和归宿，是学习者通过教学以后能做什么的一种明确、具体的表述。它的基本要求是科学性、合理性、明确性，以及可检测性。明确的教学目标是高质量教学的必要条件。教学目标的制订是否准确清晰，直接影响教学环节的设计和实施，制约教学活动的展开，并最终影响教学目标的达成。教材分析主要解决教什么、学什么的问题，一般从以下几方面分析教材：分析学习主题的知识结构、地位作用，以及重难点；分析学习主题所使用的教材特点、体例、呈现方式、编写意图。

　　站在《课程标准》的高度去分析教材，简单写出单元教材分析和课时教学分析。例如，高中人教版教材《数学必修》"直线和圆的位置关系第一课时"教材分析。坐标法是在坐标系的基础上，把几何问题转化成代数问题，通过代数运算研究几何图形性质的方法，它是解析几何中最基本的研究方法。由于平面解析几何是一门典型的数与形结合的学科，信息技术在加强几何直观和促使数与形结合方面有着特殊的作用。借助信息技术，可以形象、直观地帮助学生认识所研究的直线。在动态演示中，观察直线的位置及性质，在直观了解的基础上，寻求形成这些性质的原因以及代数表示。通过方程的研究，了解直线与直线的关系，运用信息技术，可以进一步验证得到的结果，为抽象的认识增添形象的支持。要把"坐标法"贯穿平面解析几何教学的始终，帮助学生不断地体会"数形结合"的思想方法。在教学中应自始至终强化这一思想方法，这是解析几何的特点。教学中，要结合大量的例题，突出用坐标方法解决几何问题的三步曲：第一步建立适当的平面直角坐标系，用坐标和方程表示问题中涉及的几何元素，将平面几何问题转化为代数问题；第二步通过代数运算，解决代数问题；第三步把代数运算结果"翻译"成几何结论。《课程标准》对本章的要求：在直角坐标系中，学生已经能够建立直线的方程，并通过方程研究直线的有关性质，如平行、垂直、两条直线的交点、点到直线的距离等。

　　通过本章学习，学生应达到的学习目标是：①回顾确定圆的几何要素，在平面直角坐标系中，探索并掌握圆的标准方程与一般方程；②能根据给定直线、圆的方程，判断直线与圆、圆与圆的位置关系；③能用直线和圆的方程解决一些简单的问题；④进一步体会用代数方法处理几何问题的思想；⑤通过具体情境，感受建立空间直角坐标系的必要性，了解空间直角坐标系，会用空间直角坐标系刻画点的位置；⑥通过表示特殊长方体顶点的坐标，探索并得出空间两点间的距离公式。本节课的内容和地位：本节课的主要内容是给定直线和圆的方程，根据直线和圆的方程判断直线和圆的位置关系，重点是两种判断方法的掌握和应用。上一章"直线与方程"研究了直线方程的各种形式、直线之间的位置关系以及直线之间位置关系的简单应用。本章在此基础上，学习圆的有关知识——圆的标准方程、圆的一般方程。继续运用坐标法研究直线与圆、圆与圆的位置关系等几何问题，并为进一步学习空间直角坐标系的有关知识，用坐标表示空间的几何对象打好基础。"圆的方程"一节包括圆的标准方程、圆的一般方程两部分。首先提出确定圆的几何要素这个问题，指出圆心和半径是确定一个圆最基本的要素，进而得到圆的标准方程及一般方程。"直线和圆的位置关系"中，先从几何角度指出直线与圆的位置关系然后用方程描述它们，通过方程研究直线、圆的位置关系；最后安排了直线与圆的方程在解决实际问题和平面几何问题方面的应用。所以本节课的核心知识是根据直线和圆的方程判断直线与圆的位置关系，重点是两种判断方法的掌握和应用。

2. 备好习题和组织练习

思维与解题过程的密切联系是公认的，著名的心理学家吉霍米诺夫曾经具体地阐述过这种联系："在心理学中，思维被看作是解题活动"。著名的数学教育学家波利亚有如下论述："掌握数学意味着什么呢？这就是说善于解题，不仅善于解一些标准的题目，而且善于解一些要求独立思考、思路合理、见解独到和有发明创造的题目"。在备课的过程中教师要利用经过精选的、巧思独具的习题对学生进行训练，提高学生的创造性思维能力。虽然思维并非总等同于解题过程，但是，思维形成的最有效的办法是通过解题来实现的。正是解数学题的过程，可以在达成知识技能目标的同时，自然使学生发展创造性的思维。数学教学的基本目标多是在解题教学过程中实现的。因此，备课时，例题和习题的设计和选择显得尤为重要，它是备课过程不可忽视的方面。在例题和习题设计选择中应注重基础性、典型性、示范性。通过选择一些典型的题目，启发学生从多角度去认真寻找解题办法，不仅使知识的应用具有很大的覆盖面，而且能够满足不同层次学生的求知需求，激发学生的学习兴趣，对培养学生的思维能力和综合运用知识的能力具有事半功倍的作用。要遵循教学规律，坚持科学训练，不搞题海战术。

二、备学生

深入了解学生的情况、了解学习的重要意义、了解学生现状是教学活动的起点，可以使我们知道将要进行的教学活动从哪里开始，该向什么方向走，甚至该在哪里多停留一会。关注学生是否具备将要进行的数学活动所必需的知识与方法，即与已有知识的联系；了解学生的思维水平、认知特征、对数学的价值取向、学生之间的数学基础差异等。这些都是备课要做的。

例如"函数的概念"一节教学对学生分析：学生在初中阶段初步了解了函数的概念，即变量之间的依赖关系。函数现象大量存在于学生现实生活之中，学生已经能把函数看成变量之间的依赖关系，在初中学段能从具体的实例中建立函数关系，初步了解了函数的概念。具体表现在初中学习了"变量与函数"概念，在变量基础上定义了函数概念，但是有关定义域、值域的内容暂不作要求；初中学生会采用"描点法"绘制一次函数、二次函数、反比例函数的图像，对函数的图像有初步的认识；学生有一定的自学能力，可以通过自习、小组研究、讨论等形式，理解教科书中的有关内容，如"区间"的概念、求一个"函数的定义域""函数值"等。学生在学习本课时可能遇到的困难有：不容易认识到函数概念的整体性，而将函数单一地理解为对应关系，甚至认为函数就是函数值。每一个抽象概念的产生与发展总有它的现实或数学理论发展的需要，强调概念产生发展的背景，联系学生原有的认知基础，有利于学生理解抽象概念的内涵。

在引入函数概念时，教材选取了生活中的实例，在这些背景实例中，教科书在知识的转折点上，都力求提出具有启发性、挑战性的问题，引导学生经历观察、思考、探究、交流、反思的过程，逐步获得对函数概念的理解。在有些问题中，对应关系可用一个解析式表示，但在不少问题中，对应关系不便用或不能用解析式表示，这时就必须采用其他形式，如函数图像或表格等。这些是学生不曾了解过的。基于以上分析，本节课的教学重点是函数概念，特别是强调了"对应关系、定义域、值域"是函数概念的整体，这是充分考虑到在初中认识函数的基础上，让学生更加全面、准确地理解函数概念。本节教学的难点是体会函数变量之间依赖关系的重要数学模型，正确理解函数的概念，尤其是"对应关系、定义域、值域"是一个整体，它们是构成函数的三要素。选择组织教学内容及教学方法基本理念新课程下的数学教学不仅要为学生今天的学习服务，更要为学生明天的可持续发展奠基。以促进学生全面、持续、和谐地发展为出发点和归宿，以动手实践、自主探索、合作交流为主要学习方式，以培养学生终生学习的能力、动手实践的能力、探索创新的能力和用数学思考与解决问题的能力为目的。

学生是教学的主体，学生是数学学习的主人，教师是数学学习的组织者、引导者与合作者。有效的数学学习活动不能单纯地依赖模仿与记忆，动手实践、自主探索与合作交流是学生学习数学的重要方式。学生的数学学习活动应当是一个生动活泼的、主动的和富有个性的过程。新课程的教学活动要为每位学生的发展创造合适的学习条件，即着眼学生基本素养的全面提高，引导学生生动活泼地主动学习，促进全体学生的最大发展。创新精神和实践能力是学生发展的重点素质，教育以培养学生的创新精神和实践能力为重点，在备课中，要考虑培养学生收集和处理信息的能力、获取知识的能力、分析和解决问题的能力以及团队协作的能力。为了培养学生的创新精神和实践能力，备课时要安排一系列的"教学事件"，并提供相应的教学条件，通过教材呈现方式的变革、活动任务的交付、教学方式与师生互动方式的变化，最大限度地组织学生亲历数学探究的过程，在动手、动脑和做中学、用中学的协作参与中，发展他们的个性和能力，培养学生的创新精神和实践能力。

三、备课应具有的几种意识

1. 研究意识

首先，研究《课程标准》，准确定位课堂教学。《课程标准》是教材编写、教师教学和考试命题的依据，是指导性文件。教师在备课前要与《课程标准》进行高质量的对话，特别是要全面深入地了解第一部分"基本理念"和第四部分"课程实施建议"。这两部分的每一句话，都蕴含着先进的教育、教学理念。例如，《课程标准》在第一部分"基本理念"中提到"数学教学活动必须建立在学生的认知发展水平和已有的知识经验基础之上。教师应激发学生的学习积极性，向学生提供充分从事教学活动的机会，帮助他们在自主探索和合作交流的过程中真正理解和掌握基本的数学知识与技能、数学思想和方法，获得广泛的数学活动经验。学生是数学学习的主人，教师是数学学习的组织者、引导者与合作者。"认真解读这段话，对教师准确把握教学起点、恰当选择教学方法、确定自己在课堂中的角色都有着非常重要的意义。其次，研究教材，透彻理解编写意图。数学教材是教师上课的主要教学依据，新教材为学生的学习活动提供了基本线索，是实现课程目标、实施教学的重要资源。教师在备课时要树立整体观念，从教材的整体入手通读教材，了解教材的编排意图，弄清每部分教材在整个教材体系中的地位和作用，用联系、发展的观点，分析处理教材。首先要通过教材分析，弄清它的地位、作用和前后联系，以把握新旧知识的链接点和学生认知结构的生长点。怎样理解编者的意图呢？有效的方法是多问几个为什么。最后，研究学生，找准课堂教学的切入点。学生是教学过程的主体，学情是教学的出发点，只有了解学生，才能有的放矢、因材施教，避免无效劳动，提高课堂教学效率。建构主义学习理论认为，学习者并不是空着脑袋进入学习情景中的，教师的教学不能忽视学生已有的经验，而是应当把学习者原有的知识经验作为新知识的生长点，引导学习者从原有的知识经验中生长出新的知识经验。为此，备课时必须重视对学习者的分析。

2. 课程资源开发意识

重视课程资源的开发和利用是新一轮课程改革提出的新目标，其目的是改变学校课程过于注重书本知识传授的倾向，加强课程内容与学生生活及现代社会和科技发展的联系，关注学生的学习兴趣和经验，使课程适应不同地区不同学生发展的需要。尽管教材为学生提供了精心选择的课程资源，但教材仅是教师在备课时所思考的依据之一。教师在细心领会教材的编排意图后，要根据自己的学习实际，对教材内容进行灵活处理，及时调整教学活动。例如调整教学进度、整合教学内容等，对教材做二次加工，使教材成为"学材"。教师除了要有效地挖掘教材资源外，还要注意创造性地开发和利用其他教学资源。数学来源于生活，社区、家庭中有大量的与数学教学相关的课程资源。如果我们在教学时能够合理利用，对激发学生的学习兴趣、拓展学生的知识面大有好处。随着社会的发展和人民生活水平的提高，电视、广播、计算机已经进入普通百姓家，学生获取信息的渠道越来越多，其知识面也越来越广。现代社会是一个网络化、信息化社会，教师可以在网上收集一些与教学相关的题材，以充实、丰富课本内容。

3. 预设与生成意识

《课程标准》指出"学生是数学学习的主人，教师是数学学习的组织者、引导者与合作者。"教学的对象是学生，学生的真实状态是决定课堂教学一切活动的出发点。学生主体参与教学就是学生进入教学活动，能动地、创造性地完成学习任务的倾向性表现行为。现代教学论认为，学生的数学学习过程是一个以学生已有的知识和经验为基础的主动建构过程，只有学生主动参与到学习活动中，才是有效的教学。教师在备课时要树立以学生为主体的意识，要注意以下几点。首先，体现学生的自主性和活动性。设计一些能够启发学生思维的活动，让学生通过观察、试验、归纳、猜想、论证，获得发现、创新的体验，通过论证有疑惑的问题，以正确结论统一他们不同的意见，建立正确的认知，引导他们使用数学语言、数学模型或其他的表达方法来交流表达自己的思想。其次，体现数学问题的情境性和可接受性。设计一些问题情境，其中解决问题所需要的信息应该来自学生的真实水平，使他们可以将数学问题与已有的知识结构联系起来。为了保证课堂上所有学生都能够轻松地解决问题，任何活动的基本水平，要么定位在学生已有的经验、知识基础上，要么定位在一些学生很容易掌握的知识上。随着学生的知识和信息不断丰富，可以向学生介绍更多类型的问题情境，这样才能使学生掌握问题解决的一般规律。最后，质量效率意识。进行课堂教学改革，归根结底是为了提高教学质量，促进学生掌握知识，形成能力，实现个性的健康发展。课堂教学应使学生在掌握基础知识与基本技能的同时，形成正确的价值观。因此，备课时，对教学的各个环节都要精心设计、全面考虑，确保在课堂教学实施过程中的有效性。

第三节　紧扣课堂教学中处处体现核心素养

在高中数学课堂教学中，要处处体现核心素养的培养，将其深度融入教学当中，下面就以核心素养中的建模素养培养为例进行探讨。

建模素养属于高中数学核心素养之一，高中数学教学中，建模能力的培养日益受到重视。在高中数学教学中，建模思维和能力具有非常高的教学价值和意义。然而现实中，许多高中数学教师并没有真正意识到这一点，或者说意识到了但是觉得建模太难而没有将其作为教学重点，导致高中生的建模思维和能力没有得到发展。实际上，高中生如果具有建模意识，掌握了建模方法，那么对于他们的学习成绩提升，以及能力的提升，都是有着显著的促进作用的。实际上，建模是沟通数学知识与现实应用最重要的一个途径，也是打通数学知识和其余学科知识之间联系的重要渠道。随着教育教学越来越重视素质与能力的培养，数学建模在高中数学教学中的地位也会更加重要。鉴于建模能力培养的重要性，可以从注重建模意识的培养、基本建模方法的学习与掌握，以及跨学科建模的探索等方面来培养高中生的数学建模思维和能力。

一、注重建模意识的培养

要想培养高中生的建模思维和能力，首先就必须注重培养他们的建模意识。建模是为了什么？建模是为了将现实中遇到的问题，转化为具体的数学模型。然后将现实问题进行数据量化并代入，最后以一个逻辑清晰的数学模型来探讨问题的解决方案。在现在的高考试题中，涉及建模知识，可以采用建模方式来解答的题目比例也在逐渐增加，这是符合我们教育要求学生学以致用的一种必然趋势。有许多涉及现实应用的数学题目，如极值方面的题目，采用建模方式解答会更准确，更迅速。

下面就以福建省2007年高考一道求极值的问题来分析探讨一下。

题目：某分公司经销某种品牌产品，每件产品的成本为3元，并且每件产品需向总公司交a元（$3 \leqslant a \leqslant 5$）的管理费，预计当每件产品的售价为$x$元（$9 \leqslant x \leqslant 11$）时，一年的销售量为（$12-x$）^{2}万件。

（Ⅰ）求分公司一年的利润L（万元）与每件产品的售价x的函数关系式；

（Ⅱ）当每件产品的售价为多少元时，分公司一年的利润最大，并求出最大值Q（a）。

解：

（Ⅰ）因为分公司总利润=每一件的利润×销售量=（每一件的售价–成本–管理费）×销售量，所以分公司一年的利润（万元）与售价的函数关系式为：

$L=(x-3-a)(12-x)^2$，$x \in [9, 11]$.

（Ⅱ）

$L'(x)=(12-x)^2-2(x-3-a)(12-x)=(12-x)(18+2a-3x)$.

令$L'=0$得$x=6+\dfrac{2}{3}a$或$x=12$（不合题意，舍去）

$\because 3 \leqslant a \leqslant 5$，$\therefore 8 \leqslant 6+\dfrac{2}{3}a \leqslant \dfrac{28}{3}$

在$x=6+\dfrac{2}{3}a$两侧L'的值由正变负。

所以

（1）当$8 \leqslant 6+\dfrac{2}{3}a < 9$，即$3 \leqslant a < \dfrac{9}{2}$时，

$L_{max}=L(9)=(9-3-a)(12-9)^2=9(6-a)$

（2）当$9 \leqslant 6+\dfrac{2}{3}a \leqslant \dfrac{28}{3}$，即$\dfrac{9}{2} \leqslant a \leqslant 5$时，

$L_{max}=L(6+\dfrac{2}{3}a)=(6+\dfrac{2}{3}a-3-a)[12-(6+\dfrac{2}{3}a)]^2=4(3-\dfrac{1}{3}a)^3$，

所以

$$Q(a) = \begin{cases} 9(6-a), & 3 \leq a < \dfrac{9}{2}, \\ 4\left(3-\dfrac{1}{3}a\right)^3, & \dfrac{9}{2} \leq a \leq 5 \end{cases}$$

答：若 $3 \leq a < \dfrac{9}{2}$ 时，则当每件售价为9元时，分公司一年的利润L最大，最大值 $Q(a) = 9(6-a)$（万元）；若 $\dfrac{9}{2} \leq a \leq 5$ 时，则当每件售价为 $\left(6+\dfrac{2}{3}a\right)$ 元时，分公司一年的利润L最大，最大值 $Q(a) = 4\left(3-\dfrac{1}{3}a\right)^3$（万元）。

从这道题目可以看出，对于这种求极值的问题，直接转化为函数模型，然后进行分段讨论，这样解答出来，思路清晰，结果明了。

在国际数学竞赛中，建模能力也是重点考核的能力之一，擅长采用建模方式来解决数学应用问题的学生通常更容易取得好成绩。此外在我们的生活中，有许许多多现实的问题，都可以采用数学建模的方式让问题变得清晰，而且能够找出最优配置。举个例子：现有1000万元资金需要进行理财，可以采用储蓄理财、股票投资、外汇理财等多种方案，每一种方案的收益和风险都不一样，那么该如何配置这1000万元理财资金，让收益和风险达到一个相对平衡的状态，这就需要进行数学建模。

作为高中数学教师，应该注重培养学生的建模意识，让学生逐渐习惯用建模的思维去解决很多现实中遇到的问题。这种意识一旦建立，就会让他们感受到原来数学与我们的生活联系如此紧密，很多生活中的问题都可以转化为具体的数学模型来解答。当建模意识变成一种习惯，高中生就会对数学学习更有兴趣，而且能够真正将数学知识转化为应用能力。

二、基本建模方法的培养

建模意识的培养主要是为了让学生习惯从建模的角度去思考数学问题，然而光有建模意识还不够，还需要从现实角度去教会高中生一些基本建模方法。

在我们的教材中，有许许多多的经典数学建模范例，如指数模型、数列模型、几何模型、函数模型、方程模型等；还有具体建模方法，高中数学涉及的建模方法通常不会很复杂，一般建议采用"提出问题—选择建模范例—推导模型公式—模型求解—回答问题"的五步建模法。建模没有固定的统一的方法，需要学生根据实际情况灵活选用。选择一个合适的建模方法，是经验与技巧的结合，需要学生对于常见经典模型的熟悉，以及建模思维的灵活运用。

对于高中生来说，教材是最基本的建模方法学习材料，里面会有基本的数学模型范例和建模方法等，千万不要小瞧这些基本的建模知识，它就是高中生学习和应用建模方法的根基。高中生应该在教师的指点下，反复阅读这些建模的基础知识，然后再予以扩展。如果高中生对建模比较感兴趣，可以在教师的指点下自己通过互联网渠道来收集各种涉及高中教学知识的建模案例和方法，从中学习一些建模技巧。当然，作为高中数学教师，也应该一方面结合教材内容在课堂教学中渗透一些常见数学模型建模方法，引导学生学习和掌握数学建模应用的一些基础知识和体验；另一方面可以整理出一些实用的建模方法，包括一些建模案例，根据教学安排巧妙穿插在课堂教学中，对于一些对建模很感兴趣的学生，还可以单独借给他们作为参考材料使用。建模基础方法的学习和掌握，是高中生能够真正将建模应用于学习和实践的关键。

三、跨学科建模的探索

对于高中生来说，学习数学建模知识，不仅仅对于数学学习有帮助，而且对于物理、化学、生物等学科也有帮助。以物理教学为例，高中物理最典型的一个特征就是有大量的计算，实际上历史上很多著名的物理学家都是数学家，这就说明物理和数学有着密切的联系，尤其是与数学建模有着密切的联系。数学家可以通过万有引力建立数学模型，计算推导出海王星的存在，这就是数学建模结合其他学科知识价值和意义的体现。在我们的现实中，数学跟金融学融合建模，可以获得更好的投资收益，或者实现更精准的风险控制等。对于高中生来说，比较现实的就是数学跟物理、化学、生物等学科实现跨学科建模。

例如，数学跟生物学科的跨学科建模，可以采用数学中的排列与组合模型来对减数分裂过程中配子的基因组成进行具体分析，也可以采用概率模型来计算遗传病的遗传几率等，这些跨学科的建模既可以解答一些测试题目，也可以培养学生以后进行相关研究的基础能力。当学生毕业进入高等院校深造，或者以后从事相关研究应用工作的时候，这种能力将会让他们获得更大的优势。又如在学习了正弦函数后，教师可以引导高中生运用模型函数来写出物理中振动图像或交流图像的数学表达式。

跨学科建模的探索，还有一点就是对于学生的创新能力和创造精神有很大的促进。当今教育强调培养学生的创新精神，那么跨学科的建模探索，就是这种精神很好地体现，而且在他们以后进入更深层次的研究或者社会实践应用的时候，都有很大的帮助。尤其是随着大数据时代的到来，数据本身是没有价值的，但是通过建模之后的数据分析，就具有了极高的应用价值，这就需要高中生具备跨学科建模的思维和能力。

四、高中数学建模能力培养的价值分析

数学建模能力既然被视为高中数学核心素养，得到当代高中数学教育教学专家和学者的高度重视，是因为数学建模能力的确有独特的价值。在过去高中数学教学中，虽然也会涉及一部分建模思想和要求，但是明确提出作为高中数学教育的核心素养，却是近些年来的事情，这是对于数学建模价值认知的一种深化。

首先，让高中数学问题的分析和解答思路更为清晰。

在目前高中数学教学中，一个非常重要的目的就是高考升学，这是一个必须正视的现实。为了升学而努力获得更好的数学成绩并没有错，只不过千万不要完全为了升学成绩而忽视了数学核心素养的培养。

任何一个数学问题，不管是与现实生活相关的数学问题，还是纯粹的数理知识问题，都可以通过数学建模的方式来解决。在高中数学课堂教学中，如果能够高度重视数学建模能力，这不仅是对核心素养的培养，更是有利于高中数学成绩的提升。相对于传统的高中数学教学中题山题海的训练方式，通过数学建模的方式来分析和解答数学问题，毫无疑问会让高中生的数学解题思路更加清晰。例如，常见的"彩票中奖"等方面的概率试题，如果采用传统方式解答很麻烦，但是通过建模方式来解题的话，则会简单快捷。

　　我曾经做过一个调查，选取班级50名学生，通过试卷检测、课堂表现等方式来进行观察和统计分析，经过一年左右时间的考察和分析，发现数学建模思维能力相对突出的学生，解题的准确率更高，尤其是一些难度相对较大的数学题，擅长建模的学生，正确解答出来的概率是平均水平的两倍，并且速度要更快。

　　因此，提高数学建模能力，是能够有效提高高中生数学成绩的重要方式之一。

　　其次，培养高中生抽象化现实数学问题的能力。

　　对于高中生来说，一小部分未来会进入高等院校进行数理研究，甚至毕业之后继续从事数理相关的科技研究工作，这部分人自然是在数学学习方面需要继续深入的。然而大部分学生都会踏入其他的职场生活，有些甚至看起来与数学完全不相关，那么他们是不是就不需要数学建模能力呢？答案当然不是。

　　数学建模能力之所以被视为高中生核心素养之一，就是因为它跟数据分析、数据运算等其他的数学核心素养能力一样，对于高中生未来人生的长远发展是有深刻影响的。举个最简单的例子：某高中生在高中毕业之后，没有深入高校继续深造，而是选择了去饭店打工。或许普通人打工就是按照要求，做好领导安排的事情即可。若是这个学生有数学建模的思维能力和习惯的话，他就会采用各种方式来观察、统计和分析餐厅的经营和顾客的消费情况，比如说如何采购更为划算，如何安排员工休息和工作时间最合理，如何定价才能够增加菜式的销量等。这些能力，有些人在餐饮行业需要摸索一辈子，甚至很多人一辈子都摸不透，但是如果采用数学建模方式来进行数据分析，就能有一个相对清晰准确的结论，并且能够应用于实际，提高经营管理水平，最终就能提高经营利润。

　　从目前的情况来看，我们的社会运转速度越来越快，数据信息量也越来越大，未来不管从事什么行业，能够将现实的情况抽象为数学问题，并且通过数学建模方式来寻找解决方案，是最有效的方法之一。因此，在高中数学教学中，教师要有意识地主动培养学生在数学建模方面的能力，这是他们未来受益无穷的数学核心素养财富。

五、基于概念的建模能力发展

学会建立数学模型是对高中生学习数学的核心素养要求之一，然而建立数学模型并不是随着自己的想法去随意建立，任何数学模型的建立，都必须建立在数学概念的基础之上。从某种意义上来讲，数学概念是建立数学模型的基础和标准，如果没有真正了解数学概念，就无法建立合适和严谨的数学模型，自然也就无法利用数学模型来解决遇到的各种问题。因此，在高中数学课堂教学中，以培养建模能力为引领，加强数学概念教学，是很有必要的。在现代高中数学教学中，对于学生的数学建模能力要求比较高，这实际上也是数学教育教学未来发展的趋势之一。通过培养高中生的数学建模思维和能力，不仅能够让他们顺利解答高中数学题目，而且还能够在未来踏入社会之后，利用所学到的数学知识，解决现实问题。然而，高中数学建模最为关键的基础之————高中数学概念，却在有意无意中被忽视了，这是一个非常不好的现象，甚至可能影响到高中生数学建模这一核心素养能力的培养。

在曾经很长一段时间里，中国高中数学课堂的教学模式是这样的：教师上课先讲述和分析当天数学概念和知识点，然后学生进行习题训练，最后教师评价、分析和总结。因为教学过程学生参与度不高，这种教学方式逐渐受到质疑，这本来是一种进步，然而在这个质疑的过程中，很多人连数学概念的讲述也开始有意无意地进行简化和忽略，这就有点矫枉过正的意味了。如果把数学比喻成一座大厦的话，数学概念就是这座大厦的根基和源头，没有数学概念，数学的发展就无从谈起。

因此，在培养高中生数学建模这一核心素养的时候，必须要重视结合数学概念的教学。

首先，数学概念是数学建模的基础与规范。

对有些人来说，数学建模听起来很复杂，甚至感到很神奇。实际上，数学建模的本质就是在数学概念的规范下，对数学问题进行简化描述和分析。通过数学建模，可以剔除掉不相关的数据干扰，将看起来复杂的数学问题，简化为简单的数学模型，然后从数学模型中分析出规律和结果。

如果把数学建模比喻为建房子的过程，那么数学概念就是其基脚和内在规律。任何数学模型的建立，都不能脱离数学概念，否则的话，就失去了数学的严谨性和规范性，最终自然也无法得出正确的分析结果。

要想培养数学建模能力，那就必须重视数学概念教学，在高中数学课堂中，教师对于数学概念的讲述和分析，就是为数学建模打基础。实际上，很多数学概念的总结，也都是通过数学建模的方式得出来的。

其次，数学建模必须遵循和利用数学概念。

数学建模之所以能够解决现实数学问题，就在于它建立在严谨和规范的数学概念基础之上，任何一个数学模型的建立，都不是随心所欲的。如果高中生在培养数学建模能力的时候，没有养成良好的严谨的数学思维习惯，那么建立的数学模型很有可能就不科学，这样就失去了建模的价值和意义。

数学是一门严谨的学科，在数学建模的时候，也必须将这种数学的严谨性作为重要标准和要求，而数学概念则是数学规律最严谨的表达方式之一。历史上很多优秀的数学家，都非常重视数学概念的学习和分析，因为这是数学最基础的知识和工具，一个连数学概念都不重视的人，是很难做好数学建模的。

例如，对于城市交通问题的研究，如何建设规划道路，如何安排红绿灯，如何进行限速限行……怎么做才能够既有利于交通畅通，又能够保障市民出行权益，利用数学知识解决这个问题就需要建模，但是这个建模需要运用到统计、优化选择、函数变量等多种数学概念。因此，必须在遵循数学概念知识的前提下，建模分析结果才有切实价值。

最后，数学建模和数学概念在教学中是一体的。

在高中数学课堂教学中，教师应该意识到：数学建模能力培养和数学概念教学从本质上来讲是一体的，是相通的。一个不懂数学概念的人，根本无法建立一个准确的数学模型；一个数学模型，如果没有数学概念作为支撑，自然也就谈不上严谨。

作为高中数学教师，应该在课堂教学中有意识将数学概念教学和数学建模能力培养巧妙地融合在一起。比如说微积分的学习，如果熟练掌握了微积分的概念，那么在遇到一些极限问题的时候，采用微积分思想进行数学建模分析，就能够更加精确和快速地得出结论。

高中数学概念和建模思想，在很多时候完全可以融合进行教学，教师完全可以根据实际教学情况和需要灵活把握，通过建模方法来加深概念教学，通过概念教学来训练学生的建模思维能力，互相融合，共同提高。

在高中数学课堂教学中，教师应该高度重视概念教学，当然这种概念教学不是简单地念一念和分析一下，而是高中数学教师根据学生的学情，引导学生去了解数学概念的产生过程、分析过程和本质规律。在这个概念学习的过程中，合理融入数学建模思想和方法，通过这种方式，高中生不仅可以更好地掌握数学概念，而且还能够掌握数学建模的一些方法，从而有效培养出高中生建模思维能力，这对于他们以后认识的发展，是非常有意义的。

第四节　教学评价推动学生深度认可核心素养

教学评价，对于核心素养的培养有着价值判断和促进作用。在高中生数学核心素养培养过程中，需要有一个科学合理的评价体系。教学评价是指依据教育方针、一定的教学目标和教学规范标准，利用所有可能的评价技术对教学效果和教学目标的实现程度等做出价值上的判断，以期改进教学工作。教学评价要注意以下问题：第一，教学评价是以教育方针、教育目标为依据的；第二，教学评价是一个过程，它包含着一系列的步骤与方法；第三，教学评价是教学工作的一个重要组成部分，直接作用于教学活动的各个方面；第四，教学评价的最终目的，是用一定的价值标准对学校的教学情况进行价值判断，以改进今后的工作。合理的评价，能够让学生更加认可核心素养。

一、教学评价的原则

原则是客观规律在人们头脑中的反映，是指导人们行动的准则。教学评价原则是指在进行评价时，评价者必须遵循的基本要求。

1. 方向性原则

教学评价必须以党和国家的教育方针，国家颁布的课程计划、课程标准，国家正式审定的评价对象为依据，通过评价使教学坚持正确的方向，促进学生的全面发展。对教学的评价要全面，要体现出教学要求的目标方向，既要评价知识、技能的掌握情况，又要评价智能发展和思想道德水平提高情况；既要评价教师在课堂教学中的表现，又要评价学生的参与情况；既要评价教学是否面向全体学生，是否全面完成课程标准规定的教学任务，又要评价其是否达到了课程计划中规定的培养目标。在高中数学核心素养背景下，自然应该以核心素养培养情况为方向之一。

2. 科学性原则

教学评价必须具有可信度与可靠性，必须建立在科学的基础上，有充分的科学依据和科学方法。教学评价要以正确的教育思想和教学理论为指导，遵循课堂教学的规律、原则，适应深化课堂教学改革的要求和各学科的特点。在建立教学评价指标体系时，要有相应的理论依据，每个指标项目要有相对独立的、准确的科学含义。在确定各项指标的评价标准时，要考虑到指标本身的科学内涵和操作的方便实用。教学评价的方法要力求科学、完整。在评价过程中，要根据教学目标与教学的管理要求，注意从教学过程入手，从教学的计划设计、备课上课、批改作业等方面进行。在评价信息收集、处理上，要力求全面、客观、公正，注意其可靠性和合理性。

3. 客观性原则

教学评价必须采取客观的实事求是的态度，要客观地反映被评价对象的真实价值，不能主观臆断或掺杂个人感情。在编制评价指标体系时一定要进行深入的调查研究，广泛地征求教师的意见，使评价指标体系尽可能准确地反映教学的实际情况。在评价过程中，评价者要熟悉评价指标体系和指标的界定，并严格按标准实施。确定评价标准时，不能为了照顾某一评价对象，或为了排斥某一评价对象，把不应列入的条件都列入进去。标准一旦确定，任何人都不能随意改动，如果教学评价是客观的，就会激发师生的教与学；如果评价不是客观的，就会挫伤师生的积极性。因此，客观性原则对于教学评价至关重要。

4. 整体性原则

教学是教师教与学生学的双边活动，也是促使学生的知识、能力、智力、品德发展的过程。构成教学过程的诸多因素如师生、评价对象、设备等，不仅各自发挥作用，而且相互关联、相互影响，形成整体的功能。因此，教学评价时要注意影响教学质量的诸因素以及它们之间的联系，要抓住主要矛盾，全面系统地进行分析评价。在确定指标时，要从整体出发，分析各个因素在教学过程中的地位和它们之间的联系，根据各自在教学过程中的作用及其效应，确定指标及其权重。在评价时，要注意在教与学、传授知识技能与能力的提高和智力的发展、教学与教育这三种主要关系上处理是否恰当。在评价时，还要注意教学安排是否符合学生的认识规律，教师、学生、评价对象、设备之间的关系是否达到了整体优化。

5. 目的性原则

教学评价实际上是一种管理手段，每一次评价就是对教学进行一次调控。目的性原则是指在进行评价时必须有明确的目的，每一次评价一定要有具体目的，不能为评价而评价。评价的具体目的决定采用什么样的评价标准，也决定评价的具体做法。教学是一种有目的的活动，所以评价决不能随心所欲，愿意评什么就评什么，愿意怎么评就怎么评。

6. 可行性原则

教学评价要从当地教学实际情况出发，评价的内容、方案、指标、方法等都要符合当地的具体条件，并且能够实行。在编制评价指标体系时，要充分考虑当地教学实际水平：过低，起不到评价的激励作用；过高，绝大多数教师经过努力也达不到，会使教师失去信心和兴趣。评价的方法要简便易行，能为教师、教学研究人员和学校领导所理解、掌握。

7. 评价和指导相结合原则

评价是按照一定的原则、标准对评价对象已完成的行为做出肯定或否定的判定，使被评价者从中受到启发和教育。指导是评价的继续和发展，它把评价的结果上升到一定的理论高度加以认识，并根据评价对象所具有的主客观条件，从实际出发，使评价对象能掌握自身在今后一个时期内的发展方向。从教学管理上讲，有对教学问题的评价，就有对教学问题的指导，否则评价就失去了意义和价值。从评价到指导，再从指导到评价，循环往复，这是提高教学质量，保证教学沿着科学性轨道发展的关键。

8. 自评和他评相结合的原则

教学评价的根本目的是提高教学质量，因此，把评价的标准、原则和方法交给师生，让他们在教学实践中经常进行自我评价，会不断地改进师生的教与学，有利于提高教学质量。在自评的同时重视他评，可有针对性地对某一教学问题进行专门评价，能准确地发现教师教学的优缺点，有利于明确今后的努力方向。

二、教学评价的方法

1. 确定评价主体

评价首先要确定价值主体，客体的价值是相对于某一特定主体的需要而言的。在价值关系中，价值主体的需要是处于支配地位的，它是衡量客体价值的尺度。对于具有不同需要的主体而言，同一事物可以具有不同的价值。客体的价值都是相对于特定的价值主体的特定需要而言的，而人的需要是多层次多维度的复杂体系，因此某一事物的价值总是相对于某一种或几种需要而言的。

2. 确定评价视角

评价视角是价值关系中主体与客体的交汇点，或说是评价主体所意识到的价值关系的主体与客体的交汇点。价值客体无论多么微小简单，它都是一个混沌的多面体，并且它还不断变化，而人的需要也是多方面的且变化多端的。所谓以人的需要来衡量客体，如果没有具体的限定，是根本无法进行的。在实际中，人们并不追求在所有方面对客体做出评价，"而是根据实践的需要选择确定的评价视角，即在对客体和主体都做了必要的限制的前提下，以主体某一时空内的某种需要来衡量某一时间内的价值客体的某一方面"。简单地说，只有确立了评价视角，人们才能知道所要评价的究竟是客体的哪一方面。

3. 确定评价参照物

评价参照物是评价者所选择的判定价值客体价值的比较范围。当有一系列与客体甲相似的价值客体都与主体形成了或可能形成价值关系时，为了评价客体甲的价值，就需要将客体甲与其他客体比较。评价参照物"是评价者根据评价活动的目的，基于自身的知识水平而对客观存在着的客体与主体关系的可比较范围的观念性把握"。实际上，对某客体的评价总是相对的，是与其他客体相比较而言的。因此，为了评价客体价值，必须更多地把握与客体相关的其他客体的信息，才能对价值客体的意义做出比较有效的衡量。有时，即使是从同一视角对同一价值客体做评价，如果评价参照物不同，评价结论也会不同。

4. 确定评价论域

评价论域是指价值客体能够充分展现其功能、发挥其作用所需要的环境条件。虽然客体自身的结构、属性决定了客体具备某些功能，但是这些功能能否发挥出来还受到外部环境的制约，价值客体的现实功能是客体内在结构与外部环境相互作用的结果。任何一个评价对象都有其适用的条件，这些条件包括师资、设备、资金、管理体制等，对评价对象价值的判定必须明确它所适应的条件。

5. 确定评价标准

评价标准是评价的核心，评价标准来自价值主体，是以价值主体的需要为基础和根据而建立起来的。评价对象评价的标准来自对评价对象的价值主体——学生与社会需要的分析，就是说，评价标准是从对价值主体需要的分析衍生出来的。学生的需要是共性与个性的统一，即全体学生有共同的需要，每名学生又有自己的特殊需要。一般来说，学生的需要是在身体和心理两方面都获得全面的、持续的发展，学生有通过评价对象学习知识、发展能力、形成健康人格、确立积极的世界观和价值观的需要。社会对评价对象的需要包括评价对象应该为社会培养劳动者，为社会创造物质财富；评价对象应该能够传承文化，即将人类的全部文化遗产传递给下一代，使人类文明得以延续并得到持续发展；评价对象应该促进学生的社会化，即使学生内化社会价值观念、道德规范、政治法律制度；评价对象还应该使学生具有创新精神与能力，能够为人类文明的宝库增加新的财富；等等。但是上述这些需要只是一般性的分析界定，不同时期、不同社会、不同理论流派以及不同的人由于价值取向不同，对学生和社会的各种需要的侧重点也是不同的，这就导致不同时期、不同社会、不同理论流派和不同人对评价对象的评价标准会有差异。

6. 确定评价方法

评价方法是指经过什么途径、采用哪些手段对评价对象进行评价。目前评价对象评价的方法有这样几种：一是评价者依据经验对评价对象文本进行整体评价；二是评价者依据一套评价指标体系对评价对象进行分析性的评价；三是评价者直接对评价对象文本进行定量的内容分析；四是评价者通过问卷调查或访谈了解各类人群对评价对象的评价意见；五是评价者观察评价对象在教学中的使用情况。这几种方法常常被结合起来运用。评价方法的选择往往会对评价结论产生影响。

7. 做出价值判断

当评价者获得了充分的信息后，就要对评价对象做价值判断。不仅评价者要做价值判断，评价对象决策者或审议者都会做出自己的价值判断。任何一个价值判断都不可能是完全客观的，评价者的知识结构、专业背景、社会角色、个性特征特别是价值观都会渗透到评价过程中，使评价过程和评价结果成为与评价主体不可分离的东西。我们要做的并不是追求所谓不带有任何主观因素的纯客观的评价，而是要认清评价主体的主观因素如何影响评价过程与评价结果。

三、教学评价的意义

搞好教学评价，对于深化教学改革、提高教学质量具有重要的理论意义和实际意义。科学的评价，是推动高中生数学核心素养发展培养的有效保障。尤其是在中国，科学评价制度建立，对于高中数学核心素养培养有着独特的意义，因为中国高中教学评价制度过于偏重成绩，这并不利于核心素养培养。

1. 教学评价是发展现代教育事业的需要

教育要面向现代化，面向世界，面向未来，教育要走上提高民族素质，多出人才，出好人才的轨道上来，就必须重视学校的教育、教学工作，就必须对学校的教学工作进行有效的评价。这是把握教学实际，获得反馈信息，进行科学决策的正确途径。重视研究教育和教学评价，已成为世界各国教育管理普遍的、一致的要求。联合国教科文组织把各国教育行政人员（学校干部和教育行政干部）有没有相当的教育教学评价能力作为评价一个国家教育发达程度和教育效能的一种依据。对学校教育质量、教学效果的评价与检测已被看作探讨、研究现代教育发展的基础性工作之一。美国、日本、英国、法国、德国等都非常重视教学评价工作，积极探讨、研究各种适应评价的可行方法，以对学校教育、教学、课程、评价对象、教法以及学生掌握知识情况做出恰如其分的评价，并力图以此为手段，来促进教育、教学目标的实现，培养出合格人才。教学评价体现了现代教育发展的世界性趋势，是现代教育事业发展的需要。

2. 教学评价是核心素养培养的需要

教学评价是教学工作的一个重要组成部分。教学的基本目标是什么？怎样根据教学目标确定教学方法？教学水平高低的标准是什么？是否按照教学规律教学？怎样考核教师的教学工作？如何考核学生各学科以及他们在德、智、体、美、劳诸方面的发展与进步？对这些能否做出科学的、准确的评价，直接决定着教学效率和教学质量的高低。通过教学评价可促使教师自觉地按教学规律办事，可对教学工作中每个阶段和每个环节不断调控，促使教学工作向规范化、科学化方向发展，保证教学的质量和效果。这一切的目标都是为了提升学生的核心素养。

3. 教学评价是推动教学改革的巨大动力

教学评价就是对教学活动的价值和教学效果进行判定。这种判定不仅要运用现代教育的观念，而且要求评价内容、标准和方法都要符合教学改革的需要。在教学思想上，要求教书育人，要求把传授知识和培养能力、发展智力结合起来；在教学内容上，要注重处理教学与发展的关系、现代科学技术发展和现行评价对象的关系以及教学目标制订等问题；在教学方法上，要着眼于传统的教学法与现代的教学法相结合，理论与实践相结合；在教学模式上，要着眼于调动学生学习的积极性、主动性和创造性，培养学生的自学能力等。因此，科学的教学评价对于改革同社会主义现代化不相适应的教学思想、教学内容、教学方法、教学模式具有重要作用，它是推动教学改革的巨大动力。同时，任何教学改革实验，从方案设计、实验过程到实验结果的评定，都需要有一套完整的教学评价制度。没有科学的教学评价，教学改革工作就很难全面展开。

4. 教学评价是加强教师队伍管理科学化的重要手段

学校的各项工作，尤其是教学工作质量的高低，关键是看教师这支队伍作用发挥得怎样。建立教学评价制度，能实事求是地评价教学工作，真实地反映教师的工作实绩。它不仅能起到对照标准找差距的自我认识作用，而且能唤起被评价者之间、后进与先进之间比、学、赶、帮、超的激励作用。这会对教师形成压力，带来动力。教学评价还可以对教师的晋升、评优及任用等提供重要依据，对成绩优异者予以重用，对不合格者给予培训或调离现职，从而加强教师队伍管理的科学化，调动教师教学的积极性。

四、基于数学核心素养的教学评价

数学核心素养长期渗透在数学教育中，是经历一个长期的过程形成的，是学生综合能力的体现。传统的纸笔考查无法评价，如何对数学核心素养进行评价，以下是我对相关内容作的总结。

1. 互生发展评价

互生发展评价是基于数学核心素养下的一种新型学生评价，通过寻找能够使学生获得更好发展的关键因素，通过教育内部的各种评价功能以促进学生、教师、家长以及其他社会相关人员的共同发展，促进教育改革顺利完成的一种系统的、开放的、发展的、可持续的评价。互生发展评价是将与教育相关的要素多层级地关联在一起，它能够评价的对象极多，相比较用于反馈评价的传统终结性评价，互生评价可以贯穿学生行为的全过程，能够最大化地发挥关联价值。这种评价能够因人制宜，真正实现学生个性化发展，这个评价过程是逐步从外评向自评的自主过程。

2. 基于问题情境考查学生解决问题的能力

数学核心素养可以表现为在面对真实问题的时候，运用数学思维能力解决数学问题，也正体现了数学的应用意识，考查了学生解决实际问题的能力，基于问题情境考查学生解决问题的能力是最基本的评价方法。

3. 依据活动考查学生核心素养

数学教育家斯托利亚尔指出："数学教学是数学活动的教学。"早在1985年美国里昂勒德曼就提出"动手做"的学习活动是一场有目的进行数学行为和思维的操作，但是它不仅仅是动手的操作，更是包含着动脑思考和开口表达的活动，主张学习者所必备的一种积极主动的学习态度和方式，并能在学习过程中表现出独立思考能力和思维方式。

4. 通过表现性评价判断学生核心素养

评价不仅仅是检验学生学习的成果，更是对学生学习过程的检测与监督。科学的评价方式，能够同时促进教师的教学方式和学生的学习方式。因此，教师要观察学生们的表现进行评价，对相应的数学核心素养做出准确判断。

5. PISA数学素养测评

PISA数学素养测评考查的不是纯粹的数学，而是面对生活的挑战时，能否选择得当的数学内容和手段解决问题，在重视学生基本知识的基础上，更加重视培养学生运用知识解决问题的能力，将数学与生态、经济发展、科技相结合。基于以上，PISA素养测评分别从内容、过程和情境三个维度建立框架全面考查学生数学素养。其中内容维度包含了4方面的知识内容（变化与关系，空间与图形，数量，不确定性与数据）；过程维度包含了3种过程（数学表述，数学运用和数学阐释）和7种能力（数学交流，数学化，数学表征，数学推理与论证，使用数学工具，设计问题的解决策略，使用符号、公式、专业语言和运算），揭示了学生解决数学问题的思维过程和在数学思维过程中体现的数学基本能力。因此，PISA素养测评能够从多方面、多层次对学生进行评价，能较好地促进学生和教师深刻地理解数学核心素养，使数学学习和生活有机结合。

第四章

基于核心素养理念的高中数学高效课堂建构策略探索

第一节 核心素养与高效课堂的关系探究

发展学生的核心素养，既需要宏观的顶层设计，中观的学科分化，更依赖微观的课堂教学。核心素养的培养，需要发挥课程的功能，即促进学生学习经验的获得、改造和固化，而这种经验的改变需要通过学校教育、家庭教育、社会教育来实现。根据相关调查，学校教育对学生学习发展的贡献可达70%左右。相对家庭教育、社会教育而言，学校教育更加制度化、系统化、专业化，其更能有效地传播人类积累的科学文化知识、培育学生适应个人和社会发展所需的各种能力，以及提升学生的思想品德修养。因此，学校教育是培养学生核心素养的主要教育方式，而课堂教学是核心素养培养的核心阵地。从这个角度来讲，核心素养培养和高效课堂建构，两者是相辅相成、互相影响和促进的。在核心素养背景下，高中数学课堂教学的高效性将会得到提高。

一、高中数学课堂教学效率不高的原因

1. 教师方面

首先，教师教学随意，备课不充分。有些教师依仗自己有多年教学经验，总是有种吃老本的心理，总是课堂教学就那点内容，那点题目。不注意总结教学经验，改进教学；不认真备课，即使备课，也是随便看看课本及教学参考书；不注意亲自动手解题，总是照着答案讲完了事；不注意拓展，甚至有时还会把自己"挂"在黑板上；上课也比较随意，没有明确、具体的教学目标，对自己要求不高，教学内容准备不充分，课堂上想起什么讲什么，丢三落四；讲课思路不明确，让学生听课也抓不到头绪；掌握不住重点，无法有效引起学生对教学内容的兴趣和关注。与此同时，这样的教学态度潜移默化地影响着学生

的成长。

其次，教学观念守旧。当前，普通高中数学新课程改革已经开始，但传统的教学理念使然，高考的压力，再加上数学是高考中的主要科目，本着应试的观点，部分教师仍习惯于传统教学模式。课堂仍是教师讲，学生听，师生互动少。教师脑海中根本没有什么自主、合作、交流的教学形式。为了提高学生的数学成绩，仍有教师大量挤占自习时间，大搞题海战术，不断重复地做练习，而且不注意及时纠错，只管做大量练习，这种做法加剧了学生厌学心理的产生。在课堂上为学生总结大量的方法技巧，强调记住一些题型，不注意通性通法及分析问题能力的培养，造成学生不能很好地变通知识，灵活解决问题，严重影响了学生的健康成长，阻碍了新课程的实施。不使用多媒体进行教学，总认为一张嘴、一支粉笔、一块黑板是最好的，课件的弊大于利，会分散学生的注意力。

最后，新理念、新方法，不知如何落实和应用。许多教师由于对新理念、新方法领会不到位，无法正确有效地在课堂上实施，以致在教学过程中出现更严重的低效现象。例如，为体现新课程理念下的强调学生主体性发挥，有些教师不加引导地组织学生开展小组讨论，出现教师完全成为旁观者的假热闹局面；为体现新课程理念下的强调学生自主学习，有些教师在课堂上只管布置任务，不及时反馈；为体现新课程理念下的强调有效激励，有些教师误把"有效激励"变成"廉价的夸奖鼓励"，与课标提出的培养目标相距甚远，导致课堂教学效果大打折扣。

2. 学生方面

根据调查，由于数学是高考的重要考试科目，学生整天穷于应付上课、作业和考试，脑力消耗大，压力大，睡眠时间严重不足，非常可怜。一天的时间虽然被排得满满的，但实质上没有一点点自主活动的时间，生活单一，每天三点一线，学生非常厌倦，又苦于没有办法，只能硬着头皮在咬牙坚持。多年来，出现很多学生为求得一纸大学录取通知书，苦苦学习，而后大大解放，将这愤怒的情绪转化为最后将所有的高中课本撕烂撕碎，以求得心理快感的事件。这都反映出学生的学习兴趣不高，而且学生对学习目的不明确，使得很多学生心力交瘁的同时心理焦虑、情绪不稳定，进而造成上课注意力不集中，听课效率更加低下。

由于长期的枯燥学习，被动学习，学生的厌学情绪很重，还有部分教师不注意指导学生学习方法；由于不会自主安排学习，课后较多的有效时间都被学生在无效的状态下，白白浪费掉了，再加上数学学科的特点，更加重了学生学习畏难情绪；还有来自学校、教师、家长的种种因素，这都严重影响学生数学学习。另外，学生们很容易出现对数学的恐惧心理，将数学视为他们所有学科当中最难学习的一个科目。因此，很多学生缺乏进取精神，缺乏对数学的学习热情，对数学学习采取消极的态度，进而造成课堂教学的低效。

二、基于核心素养背景下高效课堂建构策略

1. 有效准备策略

有效教学应该是有精心的准备和计划的、注重个体差异的教学，强调教学目标明确，集体备课，对教学内容合理梳理，对学生情况掌握准确，能有效因材施教。有效准备策略强调的就是备课的重要性，它是上好课的前提和基础。备课充分，上课时就会感到游刃有余，在面对各种教学突发事件时，会泰然处之，而不会束手无策，失信于生。在以前的教学中，教师总是把课背得很死，解决一个问题用时多少，这节课必须完成的教学任务有几个，提几个问题，叫哪几位学生回答，最终导致了学生在课上只是一个机械性记忆器。教师讲多少学生学多少，布置什么作业做什么，学生不会自己安排学习任务，这也是为什么很多家长反映"现在的孩子们很懒，稍微有点转弯的题他们都不去做，不去思考"的原因所在。所以我们每位教师在教学中，一定要在课堂教学前精心准备，把课备活，还要尽可能做到有备无患，做到既要备好教材、备好学生，也要预测好教学过程中可能遇到的各种情况以便有效应对，减少意外的发生，还要精确把握课堂教学的各个节奏。做到课堂教学波浪式推进，使课堂教学时间优化，学生思维密度匀称。

2. 有效课堂讲授策略

讲授法是当前高中数学教学中广泛采用的教学方法。《新课标》倡导教师将课堂时间还给学生。因此，很多教师就把这理解为课堂上要少讲甚至不讲，出现的做法就是遇到问题就完全放手让学生去讲去做，没有具体的要求、提示

和指导，于是出现学生会在一些非重点问题上纠缠太长的时间，而在一些重点问题上研究不一定到位，出现散乱的现象。表面上看课堂气氛活跃，发挥了学生的主体作用，实际上是教师主导作用的缺失，既浪费了时间，效果也不好。我认为在当前《新课程》背景下，课堂教学缺少不了讲授法，因为讲授法拥有其他教学方法不具备的优点。具体而言，讲授法的优点有经济、简便、知识容量大、覆盖率高，它能在短时间内传授大量系统的知识，梳理和拓展各种片面零散的知识；讲授可以把抽象的数学问题与现实生活中的实例相联系，变得具体实在，让学生的畏难情绪减少；讲授法可以将数学教材中蕴藏的数学思想、数学思维方法等点出来、讲透彻；讲授过程会融进教师自身的许多素养，这对学生的影响是不容忽视的；讲授法还能使教师对班级进行更好的调控等。因此，有效教学必须要有一个科学、合理、有效的课堂讲授策略。而前面我们谈到有效教学对教师素养要求比较高，不仅知识渊博，还要充满智慧，需要教师应用教学智慧，对教学资源进行整合、配置和有效利用，以实现有效讲解，即不仅"肚里有货"还能将它积极有效呈现出来，不可以使学生成为被动灌输的机器。

3. 有效课堂提问策略

学问即有学就有问。课堂提问是激发学生积极思考的教师经常用到的教学手段，但提问也要讲究方式方法，好的问题既可以激发学生对问题进行深思熟虑，又能唤醒学生们小时候爱问为什么的那个学习者，为了问而问的做法，会让学生无从回答。然而，在当今数学课堂教学中出现的满堂问，以及教师发问多，引导学生发问少的现象还较为常见，给予学生问问题的时间和机会很少，再加上学生练习题多、难，学生变成只会问"老师，这道题怎么解？"久而久之学生的质疑精神就没有了，创新能力也逐渐消失，这也将成为我们教育即将甚至可以说是已经面临的一个严重问题。数学课堂上高质量的课堂提问，是一门教育艺术，要掌握好这门艺术，教师就应勤于设计问法，努力去激活学生的思维、学生的激情，问出学生的创造力。

4. 有效激励策略

有效教学强调课堂气氛轻松活跃，强调师生平等，建立朋友般的关系。在这样的环境中，学生敢想敢说，没有任何顾忌，愿意将自己心里的想法说出来，与教师交流，使问题得到满意解决，这样他就学得愉悦。而教师的激励，就能够为学生营造良好的学习氛围，这就强调了激励的重要性。美国心理学家罗森塔尔，在美国一所很普通的中学，随意告诉一个班的班主任，某某行某某列的某几个学生智商很高，将来很有前途。结果经过一段时间，那几个学生真的成绩非常优秀。对这几个学生，他其实并不了解，他只是随口说的。为什么会出现这种现象呢？因为学生的知识获得和能力提升，是在教师的引导和教师的有效激励下，凭借自己已有的知识经验和认知能力进一步内化来实现的。而要完成真正意义上的内化，学生学习的情感因素起着至关重要的作用，这就要求教学过程要让学生的情感和兴趣始终处于最佳状态，要做到这一点就少不了在教学过程中教师的激励、教师的信任和关注。基于这一点实施教学激励是新课程的基本理念之一，也是提高教学有效性的重要途径。然而，现行的一些课堂缺乏有效激励，一些教师在课堂上只顾埋头教书，不注意把握时机对学生进行表扬，也不舍得花费那点时间和口水，使得课堂上要么没有激励，要么存在廉价的夸赞和怂恿。这种低效、无效激励的现状影响了学生的积极性，挫伤了学生的自信心。古人说过"水不激不跃，人不激不奋"。因此，一个好的数学教师，要上好一堂成功的数学课应该擅于把握激励学生的任何机会，时时刻刻做好激励学生的准备，发挥这种激励的作用，有效激发学生的学习动机和学习兴趣，使学生变得愿学、乐学。

5. 有效的习题设计策略

在数学教学中，不解题那是不可能学会数学的，更不可能在高考中拿得高分，但这也不是说解很多的题目这个目标就可以实现。那么在有限的教学时间里，如何进行有效习题训练，教师的掌舵就显得尤为重要。教师如果注意习题设计，就可以实现学生在有限的时间之中轻松地、很好地掌握数学概念、数学定理，提升个人能力。因此，探寻提高练习有效性的途径和策略，也是提高课堂教学有效性的一个重要方面。新课程下的数学练习应着眼于学生的进步和发展，多进行有效练习的开发，把低效的练习放到最低水准，实现提高教学效益的同时，为学生最大可能地减负。我们应该清楚有效练习不是靠反复练习、多多练习让学生掌握知识的，而应该是在有效的时间和精力下做一些必要的有助于学生既能巩固所学基础知识，同时也能形成技能技巧，发展逻辑思维能力、解决问题能力的练习。因此，教师要在练习选取上多下功夫，多发挥自己的智慧。课堂教学目标为教师课堂教学指明了方向，每一道习题的选取也应该有针对性，要达到某个目标。因此，教师一定要围绕教学目标来设计练习题，如有些练习题目可以是为了让学生加深对某个概念或定理的理解；有些练习题目可以是为了让学生提高解题速度；有些练习题目可以是为了学生掌握某种解题技巧；有些练习题目可以是为了锻炼学生解决实际问题的能力；有些练习题目还可以是为了让学生纠正错误认识；等等。《课程标准》要求不同的人在数学上要得到不同的发展，而且要根据学生的个体差异，实施差异教学。因此，教师在练习的选取上，要注意针对不同学生，设计有利于不同学生发展要求的题目，如对一些比较粗心的学生，就可以设计一些有陷阱的题目，实现提醒功效；对一些骄傲的学生，可以设计一些难度较大的题目，让他意识到自己的不足；对一些运算能力弱的同学，可以设计一些蕴含繁杂计算的题目，鼓励其认真演算等，让每一位学生都能获得成功的快乐。

第二节　核心素养与翻转课堂教学

新课程教育改革推动核心素养培养要求。新课程改革逐步深入，要求加强对学生学习能力的培养，核心素养也对学生的创新精神和思维能力提出了要求。翻转课堂教学模式中，学生的自主学习能力受到极大重视，学生的思维能力有明显促进，翻转课堂教学模式成为推动我国教学改革和教育发展的一个重要契机。随着互联网普及和教育信息技术的发展，社会已经进入信息化时代，互联网以及智能终端在中国城镇的普及程度很高，对于教育教学的影响渗透非常明显，加上教育信息技术本身的发展，包括学校信息技术基础设施建设，教学相关信息技术的普及与进步，以及教师信息技术教学水平的提高，使得翻转课堂教学模式的常态化应用具备了重要的前提和基础。毕竟，翻转课堂的教学，是以信息技术为基础前提的。翻转课堂，让学生的学习更加主动，更加自由，是一种很好的培养学生核心素养的方法。

一、翻转课堂的概念和内涵

在翻转课堂的发展历程中，2007年被视为翻转课堂这种教学模式真正开始在基础教育领域施行的一年，并且逐步产生和扩大影响力。美国科罗拉多州落基山林地公园高中的两个化学教师乔纳森·伯尔曼（Jon Bergmann）和亚伦·萨姆斯（Aaron Sams）为了解决学生因为各种原因缺课存在补课难的问题，将课堂教学内容的实时讲解与PPT演示的视频结合到一起，并上传到网络，那些课堂缺席的学生就可以通过这种方式补课。这一方式受到学生欢迎，逐渐形成"课前观看视频讲解，课上互动内化"的教课方式，跟传统的"上课听讲，课后完成作业"的授课方式颠倒翻转过来。基于微课的翻转课堂学习模式是指教师下载、录制、编辑、制作的学习视频，学习者利用手机微信或教室多媒体等，在业余时间观看视频、独立完成自测。然后，将信息反馈给老师，等到下节上课的时候，师生、生生之间面对面进行交流、讨论，学习者对不懂的知识点进行巩固和提高。通过这种方式教师可以顺利完成教学任务，学习者也可以完成对知识体系的架构。

从整个框架来看，翻转课堂是学习者在家里或者其他课余时间学习微视频，课堂上师生面对面一起讨论交流的学习模式。因此，一些学习者觉得它是一种将传统讲授式（先教后学）转变为"学生先学教师后教"的模式，与传统课堂在本质上并没有什么区别，只不过是将导学案改编成了微视频。归根结底，两者在很多方面有着本质上的不同。以下利用"四个衔接"来解释和具体论述，因而也将翻转学习称为"衔接学习"。

第一个衔接，是课堂与课外的衔接。课堂上按照翻转课堂的要求，将学生尽可能地平分为几个小组，各个小组在教师的指导下围在一起面对面交流同一个问题，彼此可以各抒己见，整理后形成结论，这个过程适合于步调一致的协同性学习，学习的时间和场所比较固定。而课堂外学生的学习时间和场所就比较灵活，学生可以按照自己的意愿选择适合学习的场所观看视频，这样课前学生学习的时间和场所就完全由自己掌控，不受教师的任何制约。学生可以根据自身的能力随时调整学习进度，教师也可以参考学生课前自主学习的实际情况，在课中适当调整学习计划，尽可能地留给学生更多的时间去参与学习活动，进而独立解决问题。

第二个衔接，是学生自主性学习与教师引导性教学的衔接。学生通过观看视频，自主探究教师布置的任务，对于当中不理解的内容或者模棱两可的知识点，通过微信群等反馈给教师，教师在课堂上针对学生的疑难问题进行分析，从而解决问题。从这个过程可以看出，学生成为整个学习过程的主体，但教师的作用仍然不容忽视。在翻转模式中，教师变成了整个学习过程的引导者，主要体现在以下两个方面：第一，学生虽然在课外可以管控自己学习的时间、节奏和方式，但是学生所观看的学习内容和学习要求都是教师提前帮他们准备好的，更准确地说，就连学生这节课需要思考和解决哪些问题都是由教师确定的。第二，在课中知识内化环节，虽然讨论交流的问题是学生在课前没有弄懂的内容，但是到了课堂中如何解决，解决到何种程度都是在教师的引导下完成的。

第三个衔接，是网络学习与书本学习的衔接。教育信息化越来越普及，各种各样的学习模式层出不穷，其中最受欢迎、最受学生喜爱的学习方式是将网络学习与书本学习有机地结合起来，创建一种适合多数学生学习的方式。大多数教育工作者认为，可以利用网络技术解决学生都不会的问题，即共性问题；利用书本解决极个别学生不会的问题，即个性问题。这是共性和个性的有机融合。

第四个衔接，是能力与素养的衔接。翻转课堂既是能力教育，更是素养教育，是能力教育与素养教育的完美结合。为了保证翻转学习在我国稳步的推进，我们就必须关注和警惕一个问题——伪翻转课堂。它的本质特征是衔接，因此，翻转课堂又称为"衔接课堂"或"衔接学习"。

我认为，它是互联网时代发展下的一场学习方式的变革，但不是对传统学校学习的"颠倒"，准确地说是对传统讲授式学习的一种改善和创新。因为以学生为中心的学习模式已是大势所向，是不可能改变的事实，学校教育不能视而不见，听而不闻，而要积极应对，寻求解决办法。

二、翻转课堂三个环节设计

基于微课的翻转课堂在高中数学学习过程中的融合，反映在学生学习过程的每一个环节，教师应该逐个设计和突破。为此，主要从以下三个环节来设计翻转课堂的学习过程。

1. 课前自主学习环节设计

翻转模式要求学生上课前根据自己的时间自行学习视频资料，并完成自学环节设置的一系列思考问题。在这个环节中，教师应该依据自己所带班级学生的实际情况，亲自动手制作微课视频或者下载适合学生的视频，最好将抽象的数学概念转化为通俗易懂的语言，使学生在观看视频时像在看很受欢迎的一部电影，这样可以帮助他们快速地进入学习。举例来说，在函数奇偶性的学习过程中，教师先播放一段自制的微课视频，在视频播放的过程中教师应该一边演示一边讲解，帮助学生深刻理解奇偶性的概念，让学生初步理解这一概念的形成过程。其次，教师引导学生从对称性和单调性两个角度分别观察函数图像的共同特征，帮助学生用简单通俗的语言来翻译微课视频中的要点和难点，尽可能让学生理解视频中函数图像和符号的意义，用自己的语言抽象概括、归纳总结，为随后的学习做好充分的准备。而学生则根据自己的实际情况，选取最适宜学习的时间段进行学习。这时，善于思考并且接受能力较强的学生，可以用很少的时间获取重点知识；而基础相对薄弱的学生，可以按照自己的节奏调整进度或者反复观看视频资料直至理解，实在不行也可以寻求教师和同学的帮助。这种模式正是《新课标》所倡导的，教师要加强这一过程中学生数学核心素养的落实。

2. 课中知识内化环节设计

课中知识内化环节主要基于翻转课堂与微视频来督促学生自主学习，将课前内容结合课上内容来实现重点突出，难点突破，进一步催化学生的各项学习能力，形成有效学习反馈。教师要引领学生完成数学知识的重点掌握和难点突破，教师此时可利用课前自主学习环节所收集到的学生学习的反馈信息，同时结合本节内容学习目标来为学生剖析学习重点、挖掘学习难点。例如，在函数奇偶性的学习过程中，教师会通过微视频给出实物中对称美的几组图片，生动形象地激发学生的学习兴趣，做到"形"中有"数"、"数"中有"形"，帮助学生深层次地理解奇偶函数的概念，最后利用"数"与"形"的有机结合，总结出判断函数奇偶性的方法和步骤。将难点问题放在微课视频中，学生则可以结合教材与教师引导来突破学习难点，帮助学生更好地掌握内容。在翻转学习过程中，教师就可以融入微课视频、导学案、测试题等方式来提高学生的数学建模能力、交流合作能力、发现问题与解决问题能力，最后培养学生发散的、创造性的创新能力。

3. 课后评价与反馈环节设计

在课后评价与反馈环节，教师还要基于微课视频中知识点的呈现与布局来评价学生的学习成果，实现学生对于知识的有效内化过程。微课堂学习的优势也体现于此，那就是可以通过多次反复的学习呈现来让学生形成好的学习思维和习惯，并积累学习经验。而通过翻转课堂学习理念，教师也实现了针对不同学生个体的差异性教学，学生可以在观看视频过程中提出问题，教师通过反复播放和其他微课视频辅助来帮助学生解决难点问题，并评价学生的具体学习成果，为后续学习进程的顺利推进提供参考。在翻转课堂的整个学习过程中，教师根据学生的学习水平的高低不等，可以多层次设置思考问题，及时了解学生的学习动态，有针对性地调整学习进度，尽最大可能满足各类学生的学习需求，这也反映出学习需要因材施教。除此之外，数学教研组教师在实施同课异构的教学模式时，可以依据不同教师上课的方式方法，总结提炼出适合本班学生学习的方式，之后根据学生在课堂上的具体学习情况，教师客观地写出本节课的学习评价，并认真总结学生的优势和不足，思考学生出错的主要原因。在这种形势下，尽可能地让学生花费很少的时间掌握重点知识，拓展各项能力，实现教学相长。

三、翻转课堂的要求

1. 教师方面的要求

一是资源的录制。翻转课堂的有效实施要求教师必须根据自己所在学校学生的具体学情录制视频和相关支持材料，加上教师自身对微课也不是特别熟悉，因而在对数学知识进行选点、设计、录制时需要花费的时间远比想象的要多得多，这无形当中给学科教师增加了很大的负担。因此可以说，翻转课堂作为一项大型的教育教学改革，若要将它更好地运用到数学课堂的学习中，就要对它不断地进行探讨→设计→实践→再反思→再修改→再实践……这样一个反复推敲、逐步形成的探索过程，这个过程不可能是依靠一个人或者几个人的能力就可以完成的。它的形成、发展、成熟需要政府和学校各级领导的肯定和大力扶持推广，更需要有一个专业的团队，在综合考虑各种可能因素的前提下去录制、下载、编辑、制作适合学生学习的视频资源，再将其上传至互联网共享。

二是微课的适用范围。虽然通过专业的师资团队能够录制、下载、编辑、制作微课视频，但是不是每节数学课都需要用微课来上？这又是当前我们需要考虑的一个大问题。其答案是否定的，也就是说微课并不是适合于所有的数学课程的。从微课的特点和数学课程的结构可以看出，微课不太适用于逻辑推理性、概念性和系统性较强的内容。因此，对于高中数学中的三角函数、数列、解不等式等需要一步一步进行演算的章节内容，翻转课堂的学习效果就不比传统学习模式的效果好。而那些直观的、动态的，如立体几何、圆锥曲线等比较适合微课形式。因而在进行数学教学时，我们不能盲目地、不假思索地滥用微课，要想让微课达到预期的效果，我们就必须在课程的设计上下苦功夫，对于能够用微课学习的数学课程做到心中有数。

三是课堂管理模式。针对每一节数学课堂，是不是微课想怎么用就怎么用，学生想怎样观看就怎样观看，完全不需要考虑其他因素呢？其实不然，任何一种新的学习模式要用于课堂的实践过程中，它都不是一件简单又容易的事情，而是一个复杂且繁重的过程，这个过程能否得以顺利进行就需要有一套规范化的课堂管理制度和有效的评价机制做支撑，引领教师和学生有条不紊、井然有序地去操作、去执行、去实践。

2. 学生方面的要求

一是要求学生必须具备较高的自主学习能力。从我开展翻转课堂的实践看，目前本校的大多数学生仍然不适应翻转课堂学习模式，还是觉得传统讲授模式较好，只有教师讲解了之后，自己才会应用这个知识点解题。这样下去只会使学生越来越依赖于教师，自己对问题没有独特的见解和思考，学习过程只会变得越来越被动，完全失去了对知识的有意义建构。这就与《新课标》的要求相背离，因为学生必须逐渐地去培养自己的自主学习能力，这样才能在真正意义上达到对知识的系统化理解和掌握。

二是搭建个性化的网络学习平台，保证翻转学习的高效运行。我根据自己运用翻转模式的过程，结合高中数学必修一《函数单调性》和《函数的奇偶性》这两节课在我校高中学生数学学习中的实践探究，总结得到这样一个结论：使用翻转课堂的教师只有随时随地清楚地掌握每位学生的最新学习动态，才有可能针对每一个学生进行个性化指导。

3. 硬件设备方面的要求

我所在学校的微机房只是提供给学生上信息技术课，并且我校的大部分高中生都是住校生，在校不可以带电子设备，如手机、电脑等，致使学生很难接触到电脑，若要将翻转课堂进行推广使用到现在的课堂学习中，会使学校的教学设备严重不足，导致翻转课堂的实施不是特别顺利，加之周内高中生，白天的时间几乎都用来上课，也就是说即使教室有多媒体，一天下来也几乎没有时间去播放微课视频。因而现在只能利用课余时间让学生通过微信观看视频，随后将自己的学习情况通过微信反馈给教师，但是这样做的弊端就是教师不能够很准确地了解每个学生的学习动态和学习任务的完成程度，也不能够及时地对学生存在的问题进行有效辅导。这就需要每位教师考虑能不能在硬件设备方面多下点功夫，让翻转课堂可以顺利地进行下去。例如可以向学校申请为学生观看微视频专门提供一个场所，让学生可以根据自己的时间自行去学习微视频，这样就减少了学生没场所观看视频而产生的烦恼。除此之外，还可以购买一些专门用于制作微课的软件，方便教师根据学生的学情去制作适合本班学生学习的微课视频，这样的微视频可以对当前本校课堂的学习模式起到一定的辅助作用。

第三节 核心素养与概念教学

数学核心概念的教学作为培养学生数学核心素养的重要途径，应当也必然受到教育者的广泛关注与应用。如何在核心概念教学中培养学生的核心素养，划分的水平如何，应该运用怎样的策略进行教学，都是我们应该思考的问题。概念的教学一般处于新授课的位置，教师在讲授某一概念之前应该对这一概念整体的知识网络有一个基本的掌握，抓住概念的核心点，形成知识主线。在概念生成过程中要体现与概念相联系的思想方法，教学过程中要有前后贯穿一致的思想主线。高中生的思维水平与初中时期相比，逻辑推理能力、抽象思维已经有了更大的提升，这就要求教师在精准地把握一节课主线的前提下，从学生的认知水平出发进行教学，所设计的教学内容要符合学生的最近发展区。这就要求教师自身要有过硬的专业素养，同时精心设计教学环节，针对教师如何在核心概念教学中培养学生的数学核心素养，提出以下的建议及策略。

一、加强教师自身专业建设，整体把握核心概念结构

《新课标》中将高中数学课程划分为必修课程、选择性必修课程和选修课程，以必修课程为例，分为五个主题，分别是预备知识、函数、几何与代数、概率与统计、数学建模活动与数学探究活动。由于以《新课标》为指导的教材尚未完全编写完成，教师在授课中所采用的教材大多依据旧版教材。而现有教材知识点的编排与《新课标》的知识顺序有着一定的不同，所以这就更要求我们高中教师自身专业水平要过硬，应对高中数学知识有着整体的把控，对于核心概念的把握要更加精准、精确。要主动提升高中数学教师的专业技能，增强自身对于"什么是核心概念？""怎么提炼出核心概念？"以及"怎样构架出

核心概念与非核心概念之间存在的逻辑关系"等问题的思考与把控。提升其对于核心概念教学的重视程度。在《新课标》倡导的"学生主体、教师主导"教学模式的背景下，充分发挥学生的主观能动性去思考、去学习。但由于学生处于知识积累阶段，对于高中数学知识体系认识程度较低，因此更要发挥高中数学教师在课堂中的主导作用。这样的教育要求的大背景之下，对于高中教师素质提升提出了更高的要求。所谓"育人者，先育己。"增强自身对于核心概念的掌握与思考。借助核心概念来构建整个数学体系的认知结构。教师在引导学生学习数学核心概念时，不仅要表达简练，教会核心概念本身，更要从培养学生核心素养的角度出发来引导学生，发散思维；不仅仅拘泥于概念本身，更要深入生活。《新课标》对核心素养的要求已经很明确，对于核心概念明确认识，有利于更好地培养学生核心素养，帮助学生构建自己的数学知识体系，更明确、更发散地利用数学的逻辑去解决生活中所遇到的问题。

例如，在"概率"模块的教学中，教师应该在讲授新知之前，首先针对高中概率相关的内容，建立有关"随机事件"的结构体系，并对在高中数学教学中所涉及的相关概念进行分析，从中区分出哪些概念是核心概念、哪些是一般概念，并建立核心概念图。从"概率"模块的知识结构可以发现，"随机事件的概率"是其中最重要、最核心的内容，在授课的时候，不能将内容只是局限在某节课的内容里。通过对概念的分析以及概念图的建构，我们会发现概率这一模块的内容分支是沿着随机事件是否发生这一可能性进行展开的。在《新课标》里将原来统计—概率这一部分内容的顺序变更为概率—统计，可以发现，通过对随机事件和与之相对的确定事件，以及其所包含的必然事件与不可能事件进行定义，并对事件在发生的可能性上做了完整的分类，这对后续学习事件之间的关系以及运算并利用相关知识理解概率模型起着很重要的作用。在之后的统计部分，利用无限重复实验，对某一事件发生的次数进行统计，利用频率的稳定值对概率进行定义。这一过程本身也是重现了历史上对概率的定义，从而可以帮助学生认识概率的本质。后续所学习的古典概型以及几何概型都是历史上人们总结出的一般性的结论。通过对概念整体上的把握，并且在教学中注意引导学生通过日常生活中的一些实例来了解随机事件及概率的意义，帮助学生通过对实际问题的分析、推理、归纳总结，选取合适的模型来解决相应问题等，从而落实对学生数据分析、数学建模、逻辑推理等素养的提升。

二、学习《新课标》，体悟数学核心素养

数学教学是培养学生数学核心素养最重要的途径，在落实素养的过程中究竟应该怎么做？教育家们的观点各有不同，但是在一点上是达成共识的，那就是：提倡"为培养学生核心素养而进行教授"。例如，有人说"学科教学的目的是培养核心素养，而不是单纯的传授知识"；又如"我们不应该把某学科的教学局限在这个学科内部，教学中只是考虑所教授学科的知识技能并不利于学生的视野的开阔，也不利于我们对具有敏捷的思维、丰富的文化气质以及哲学素养的人才的培养。"还有人以爱因斯坦说的"教育就是一个人把在学校所学全部忘记后剩下的东西"为依据，提出"把知识忘记了，剩下来的就是素养"。在这些观点下，难免有一些教师会对课程究竟应该怎么教，素养到底怎么落实产生疑惑。一些教师也并不清楚培养数学核心素养和培养学生"四基""四能"以及数学思维有着怎样的联系。《新课标》是我们进行教学的指导性纲领，依据学科的逻辑体系、内容主线、知识之间的关联进行设计，提出了明确的教学目标。在《新课标》中对数学核心素养有详细的界定以及水平划分，在每一个模块应该着重培养学生的哪一素养，在教学提示中都有明确的介绍，并且在附录2中给出了一些教学设计与素养评价的示范。

例如，《新课标》给出了投掷骰子的案例，指出目的是理解样本点、样本量、有限样本空间的概念以及在样本空间内进行随机事件的运算、表达等。设置了将一枚均匀的骰子投掷两次的问题情境，并针对所提出的问题给出了详细的分析。从而揭示样本空间只与问题的背景有关系。又如在函数模块，《新课标》对"函数的概念"这一节内容，明确指出了教学目的为"理解基于对应关系的函数概念，并在此基础上感悟对函数概念进一步抽象的必要性"。同时提出问题情境"为什么在高中数学中，对函数的教学要强调是实数集合之间的对应关系"。同时，对初中函数概念所存在的物理背景和高中函数概念的表述进行了详细的分析，并举例（狄利克雷函数）说明；指出了对函数概念进一步抽象的必要性，同时在此基础上也介绍了函数的"关系说"。虽然在基础教育阶

段并不适合在教学中引入"关系说",但教师如果能够从更上位的角度去理解函数,将函数模块的主题知识视为一个整体,可以更好地引导学生理解函数概念的本质,通过对变量之间的相互依赖关系到集合之间的对应,并且从函数图像的角度运用几何直观来理解函数。在归纳、总结、比较、分析中落实对学生数学抽象、数学建模、直观想象和逻辑推理等素养的提升。这些案例都给了教师很好的启示。教师在上课前应该认真钻研《新课标》,只有教师在理解了数学核心素养内涵的基础上,才能在教学中以其为指向,以数学知识为载体,在数学概念内在逻辑的引导下,设计目标明确并符合学生认知规律的数学教学活动。

三、制订突出数学核心素养的教学目标

教学目标是教育目的和培养目标的具体化,是进行教学活动的起点。只有在明确了教学目标的基础上,教师在教学活动中才能结合教学任务及学情,设计合理且丰富的教学内容,进行教学活动。数学核心概念中所蕴含的数学思想极为丰富,许多数学核心概念的本身也是数学课程的主线。在数学核心概念的教学中所体现及培养学生的核心素养也并不单一,并且是在数学的学习过程中循序渐进地达成。因此,教师必须综合考虑课程标准、教材内容以及学生学情这三个核心要素来确定一节课的教学目标,将"三维"目标进行整合,在深入理解数学核心素养的基础上,结合数学核心概念的特点,制订包含强调对数学知识的理解、数学技能的运用、数学思维的培养,以及帮助学生形成正确的价值判断、积极的心理取向等要素的教学目标。也就是以教学的内容为载体,在教学目标的制订上充分突出数学学科的核心素养。只有明确了具体的教学目标,基于数学核心素养的数学核心概念教学才能在教师的指导下有效进行,教师才能以宏观的角度进行分析,从微观的角度作为切入点,在教学环节的设计中体现数学核心素养的培养以及不同层次水平的达成。

例如,人教A版必修2中"直线与平面平行的判定"这一节,是研究空间线面关系的"起始课",所蕴含的数学思想非常丰富,包括"空间问题平面化""转换化归思想""降维思想"等,这些都是我们后面研究空间几何问题所要运用的重要思想方法,为后续学习面面平行、线面垂直、面面垂直等内容

奠定基础。这节课课标没有要求用逻辑推理对判定定理进行证明，重点放在学生对定理的直观感知与操作确认。教师在教学过程中要注重对定理的发现、探索，并用渗透说理的方式讲清楚判定定理的可靠性。要以培养学生的直观想象素养、数学抽象素养、运用数学语言交流问题的能力为本节课的重要任务。同时，学生在初中及高一已经学习了空间结构体的几何特征，对简单的几何体有了初步的认识，能够从现实事物中抽象出几何元素，但是空间想象能力还不足，概括问题本质的能力还比较欠缺。如何从直线与平面平行的具体模型中想象并发现线面平行的判定定理，从中发现研究线面关系的一般方法，对学生来说难度还比较大。综合考虑上述问题，以突出培养学生数学核心素养为导向，本节课的教学目标可以设计如下：

（1）通过直观感知、观察提炼、操作确认等方式初步发现、理解并掌握线面平行的判定定理；能够准确地运用符号语言、文字语言及图形语言表达定理；能够运用判定定理解决简单的实际问题。

（2）在经历判定定理发生发展的过程中，感受降维思想、转换化归等数学思想，提炼空间问题平面化等解决空间几何问题的一般方法。

（3）经历从现实背景中抽象出数学模型过程，培养学生发现问题、提出问题、分析问题及解决问题的能力，提升学生的直观想象、数学建模、数学抽象等素养。

四、在丰富的情境中教学，激发学生的学习热情

数学与我们的现实生活是密不可分的，我们培养学生的数学核心素养，根本上，也是要让学生会用数学眼光观察世界，用数学语言来描述现实世界，数学从现实生活的需要中诞生，也应该回归于现实。因此，在情境中教学，是培养和发展学生数学核心素养的重要方式。同时，我们会发现，数学中的许多概念也确实与生活密切联系着的，数学概念尤其是我们所研究的数学核心概念本身是非常抽象的，传统教学里的概念讲授过于陈旧，在揭示概念本质的问题上难度很高，学生对核心概念本质的掌握也片面，理解得不深刻。因此，教师在教学中应该设计合适的教学情境，结合核心概念与生活现实中的模型联系起来，选择的素材丰富、全面、感悟，能够帮助学生将头脑中原有的经验与所学

的知识建立联系，对冰冷美丽的数学知识进行火热的思考，更有利于学生对概念的抽象，对数学思想的感悟，以及对概念的形成也符合布鲁纳学习发现说。同时，采取多元的情境教学也有利于教学中激发起学生的兴趣与学习的欲望，达到事半功倍的效果。

例如，人教A版必修1第三章第一节《方程的根与函数的零点》这一节课里，许多教师的处理方式是直接给出三个一元二次方程，分别是判别式大于0、等于0和小于0，要求学生求出相应的根并画出其对应的函数图像。让学生从这三个方程与对应的函数图像中直接发现并找出方程的根和函数图像与x轴交点个数的关系，并由此教师直接把二次函数图像与x轴交点个数和方程根之间的联系推广到一般情况，并给出函数零点的定义。这样的讲授方式虽然学生也能基本掌握知识内容，但是对知识发生、发展、生成的过程及概念是如何形成的，本质上并不清楚，也并不明白学习函数零点的意义在于什么。由此，可以尝试对本节课这样设计：课前引入可以从"在罗马帝国时期，年轻的斐波拉契在一次宫廷数学竞赛中，成功地判断出三次方程$x^3+2x^2+10x=20$的解，且获得精确小数点后六位数的近似解（那时还没发明三次方程求根公式）"这个故事入手，并指出教材也出现过诸如此类的方程，在没有现成求解公式的情况下应该如何求解，引导学生将方程与函数联系起来，初步体会用函数的思想解决方程问题。并在后续求一元二次方程与相应函数图像关系时，可以采用几何画板，让学生更直观地观察随着函数变化，相应方程的根和函数图像与x轴交点个数的关系，从而从具体的数学问题模型中抽象出更一般的结论。进而提升学生的抽象素养、数学模型素养等，也帮助学生加深对概念本质的认识。

五、揭示概念本质，数学文化融入教学

在数学核心概念的教学中，应注意到，作为核心概念，既属于数学概念，同时又具备了比一般数学概念更丰富的内涵及数学思想。因此，在教学中要尤其注意揭示概念的本质。核心概念所特有的根基性、可生长性、广泛联系性这些特点，使得数学核心概念在教学中具有可持续性以及长期性，所包含的数学思想会贯穿模块知识的始末。而其中具有根基性的概念在高中数学课程中一般会作为课程模块初始章节，引领后续的知识学习，为其后面的知识做铺垫。而

数学的发展史往往也体现了数学概念的发展，众多数学家为了一个理念的进步共同努力着，对一个对象下定义、建立概念这一过程本身就具有极强的逻辑性。在教学中重视数学史的引入也有助于教学对核心概念本质的揭示。《新课标》教学建议里提出，数学应该被融入数学教学活动中。通过教师有意识地将之与相应的教学内容相联系，引导学生们认识了解数学的发展历史，有助于学生在数学学习中认识数学在科学技术、现实生活、社会进步等中的作用。同时有助于学生感悟数学所存在的价值，激发学生学习数学的兴趣，开拓学生的视野，并且在提升学生的科学精神及人文素养上有很大帮助，同时有利于学生进一步理解数学的本质，提升学生数学学科核心素养。因此，教师在数学核心概念的教学中也应该尤为重视对数学文化、数学史的融入。

　　例如，在人教A版必修1《函数的概念》这一节中，有些教师在教学设计时并不注意函数概念的演变，函数的概念本身很抽象，学生理解起来比较困难，教师若在教学中只是简单地提问学生在初中所学习的函数概念，然后直接告诉同学们在这一节课上要学习函数概念的另一种定义。或只是简单地提及初中函数的概念是"变量说"，高中函数的概念是"对应说"，学生并不能理解这两种定义的方式有什么意义，甚至会有变量说不全面应该被舍弃的误区，同时也并不能帮助学生认识函数概念的本质。所以，在教学中，有必要引入函数的发展史，而纵观函数概念的发展史，会发现对函数概念的形成这一本身的过程实质上就是一系列的弱抽象，通过不断舍弃函数的非本质属性（如函数可以表示为曲线、解析式等），进而探索其本质性是对应的过程。这一过程包含了在物理运动、天体运动的规律中抽象出具体的函数模型，并从具体的函数模型中再抽象出更一般的函数概念，在一系列问题的推动下逐步修订、补充、完善函数的概念。数学史的融入帮助学生认识到函数与生活息息相关，同时在高中学习中通过集合的角度对函数进行定义，本质上就是将生活中的数学问题去除其物理背景，将之抽象出来。只有学生从不同角度来认识函数，才能对其概念的本质有深刻理解。

第四节　充分运用现代教育技术

现代教育技术，让高中课堂变得更加灵活和充满魅力。运用现代教育技术，能够有效辅助核心素养的培养。现代教育技术不仅能够改善高中数学课堂教学，提高课堂效率，而且学生也能够独立应用现代教育技术。数学课堂参与性学习强调学生是作为主体参与课堂的学习活动，具有一些与学生参与紧密相关的显著特征，如主体性、民主性、情境性和互动性等。只有充分把握这些特征，教师在实施教学活动的过程中，才能充分发挥现代教育技术的优势。

一、运用现代教育技术促进课堂参与性学习的应用原则

在参与性学习中，如何看待现代教育技术这一角色呢？在具体的教学中是否用和如何用呢？这是本节要探讨和解决的问题。

1. 现代教育技术在数学参与性学习中的角色定位原则

在参与性学习中，如何定位现代教育技术这一角色呢？建构主义理论认为，在教学活动中，教师是学生学习的引导者和促进者，而学生自己则是学习的意义建构者。那么，教师如何才能做好这一角色呢？许多学者普遍认为教师在教学活动中要注意以下几个方面：第一，创设相对更真实和复杂的问题情境；第二，营造良好和谐的学习氛围，以便学生可以提出自己的不同见解，平等地与教师、同学沟通和交流；第三，提供必要学习工具；第四，还要给予情感上的支持，鼓励学生发现、探索问题，从而使学生主动进入建构新知识的角色，充分发挥学习主体的能动性。也就是说，参与性学习的主角是教师和学生，而教育技术只是"跑龙套的"，是为了促进教师的教和学生的学而生。以建构主义理论为依据，在参与性学习中坚持教师是主导，学生是主体，现代教

育技术是辅助这一角色定位。因此，要特别注意把握师、生和多媒体三者的关系。

以教师为主导。在教学过程中，教师是整个教学活动的组织者和管理者。教师的主导作用主要表现在三个阶段：准备阶段——钻研教学目标，了解学生的实际，选择合适的多媒体，精心地设计教学活动；实施阶段——利用现代教育技术，有针对性地讲解或练习，进而灵活地、创造地组织学生参与教学活动；反馈与评价阶段——对学生的提问做出智慧的解答，评价学生以及指导学生进行自我评价。

以学生为主体。数学参与性学习中，学生是认知活动的主体，是知识意义的主动建构者。因此，要让学生参与到教学过程中，使多媒体技术成为激发学生学习兴趣的手段、参与数学活动的工具和环境。学生的主体性体现在学生具有自主性、能动性和创造性。具体可表现为有明确的学习目标、自觉积极的学习态度、迫切的学习愿望、强烈的学习动机；学习上能举一反三，善于利用已有的知识来解决新问题；能利用多媒体资源和网络平台进行选择学习内容和进一步有效的自学活动。

现代教育技术是辅助。多媒体只是教师教学的助手，是学生参与学习的抓手，不能代替教师进行教学，更不能替代学生动手动脑。多媒体作为教学手段，只能辅助知识的传递，而知识的传承只能由人来完成，也就是学生必须参与到学习中来。多媒体教学的优势在于能使教师的表达更丰富和形象，能把学生推到踮起脚看得见却够不到的地方。也就是说，配合教师充分发挥在教学中的主导作用，调动学生课堂的主体参与积极性，才是多媒体生命的意义和发展方向。同时，通过现代教育技术可以创设逼真的数学学习情境，用图像和动态的形式呈现数学问题，使得数学的学习材料更具有活动性和可视性，进而使学生切身参与到学习中来，深刻感受到数学的魅力与价值，激发学习数学的兴趣，增强学好数学的信心。

2. 现代教育技术在数学参与性学习中的使用原则

人本主义心理学是针对之前的心理学总是把人的行为、认知与情感分裂开来研究的这种现象而提出的。它认为一个学习者首先是一个完整的人，即"躯体、心智、情感、精神、心力融会于一体"，所以任何人在学习时都既有理性的思考，也有情感的投入。人本主义把学生的学习分为两类：一类是无情感因素参与的学习，这种学习效果当然不好，所学知识易忘；另一类是有情感因素参与的学习，效果当然比前一种好。而后一种学习要具备以下四个方面因素：学习是由学习者自己发动的；学习全过程中有学习者认知和情感的同时参与；学习者能参与到对学习过程和效果的评价中；学习活动能够诱发学习者情感的共鸣。秉承着以人为本的教学理念，教师在进行教学设计的过程中，关于现代教育技术在参与性学习中是否用和如何用，应遵循以下四个基本原则。

（1）目的性原则。目的是一切教学活动的出发点和归宿。多媒体辅助教学，目的是实现数学课堂参与性学习的目标。数学教学目标应包含知识与技能、过程和方法、情感态度与价值观、行为与创新四个维度。将现代教育技术应用在参与性学习中，目的是促进学生主体的参与，也就是上文中提到的学习过程中要有学习者的认知和情感参与，只有学生的行为、情感参与进来，才能实现数学教学的四维目标。

（2）多媒体与教学内容的选择组合最佳化原则。依据优先选择原理制定选择组合最佳化原则。教学设计是以分析教学需求为基础，以确立解决教学问题的步骤为目的。解决教学问题的步骤中包括媒体、信息资源与教学内容相互选择的设计。我们知道，数学的最大特点是抽象性、逻辑性，这也是在教学中要突破的难点。而这些难点的突破，必须要依靠传统教学中严谨地分析、概括、归纳和论证来完成。因此，学生参与教学活动的重要前提是有一个高素养的教师，能用渊博的知识和灵活的头脑通过分析学情后设计出符合学生身心发展和需求、尊重学生个体差异的教学活动，合理智慧地去整合、配置和有效利用各种教学资源。现代教育技术在数学教学中所扮演的角色无论是工具还是平台，都是用以促进学生对抽象的概念和严谨的证明的有效认知，实现学生的认知参与，提高学生参与兴趣，激起学生参与热情。当然，无论是参与性学习还是接受性学习，使用多媒体技术应该关注的是数学课的最佳效果，如对学生的启发性，学生的思考积极性、主动性等，不能为用而用。根据教学目标和教学内容的实际需要，恰当地选择是否使用多媒体、选择哪一多媒体来达到设定的教学目标是在教学设计中首先要思考的问题。

（3）形式多样化原则。形式多样化原则的制定是源于多元智能理论和信息加工理论。加德纳提出，一个人至少包括语言、逻辑、视觉、音乐、运动、交际、内省、观察和存在九个方面的智能。每个人各有所长，且每一种智能都不是单独存在的，它们之间相互促进。它的理论被教育学家运用于学习领域，就产生了"在学习过程中，强调让学生多方面智能参与，多感官并用，可以增强学习效果"的理论。教师要根据学习内容的特点，合理地选择多媒体技术，一方面丰富多样的学习形式可以激发学生积极主动地探究，情感参与自然会引发行为参与，进而达到事半功倍的效果；另一方面，多媒体不同渠道信息的传递，可以让位于学生的主体性和差异性。要想使学生的参与性学习从感性上升到理性，多媒体辅助教学中要注意问题情境与真实情况的统一，多媒体演播和教师的讲解密切配合学生的看、听和思考。学生带着问题去参与，更能有效地获得数学学习的知识。

（4）及时、准确的反馈原则。依据反馈评价原理制定及时、准确的反馈原则。反馈控制是系统科学的重要方法，就是利用反馈信息，使系统的反应输出状态与预期目标相比较，然后根据比较的结果，对输入值进行修正，以达到系统输出状态与目标要求相一致的目的。参与性学习必须有反馈，不仅包括学生对教学做出的回应反馈，还包括学生在自己动手动脑的学习中真实的情感体验，以及教师对学生的表现做出的点评。这些反馈都要及时、准确，进而通过反馈来实现对教学的调整和把控。在多媒体教学中，学习者接收信息的渠道更多，知识的容量也会更大，那就更应关注学生的反馈信息，才能准确把握学生的最近发展区，进而调控教学过程，保证教学质量。

二、现代教育技术在数学参与性学习中的应用策略

新课程衡量学生参与数学教学活动的标准是：学生能否通过参与数学教学活动，习得更多的数学知识，培养更好的数学思维，发展更高的应用数学知识和思维解决实际问题的能力等。具体来说包括教学活动设计是否符合学生发展与需求，是否尊重学生的个性发展；引导学生参与的时机是否恰当，能否最大限度地吸引学生；活动气氛是否和谐，活动是否民主开放，活动的内容和形式是否有层次感；时间和空间是否充分合理；学生行为参与的同时是否有深层次的认知参与。针对以上标准，根据现代教育技术的特点，归纳总结了以下策

略，以便更好地发挥现代教育技术的工具作用，进而实现现代教育技术促进参与性学习的目的。

1. 收集信息

将教育技术作为收集信息的工具，制定参与的目标，培养学生主动参与学习的意识。有目标，才会有接下来的行为，而行为参与恰恰是课堂参与性学习的一个重要维度体现。目标是行动的指南，只有让学生参与目标的制定，学生才能对学习目标有较为深刻的认识和体验，才不会在学习中迷失或是迫于升学压力等机械地学习。根据课程的内容和学习目标，一方面教师可以利用教育信息技术的强大搜索功能，从庞大的数据库资源中选取符合课程目标的内容为己所用；另一方面教师也可以组织学生利用因特网检索进行社会调查，了解可供自己学习的主题，并利用信息技术来选择和确定预习任务，同时制订主题学习计划，包括确定目标、小组分工、计划进度等。学生参与了学习目标的制定，进而才可能主动地为达成该目标付出努力，甚至还能为自己设计出不同的到达该目标的路径。

2. 提供材料

将现代教育技术作为提供材料的工具，创设问题情境，激发学生求知的热情。事实上，学生情感参与比行动参与更为重要。在参与中情感逐渐地投入，才能取得良好效果。情感的参与拉近了知识和学习者之间的距离，让知识不再高冷，让学习者相信每一个人都能够学会旧知识，也能够创造新知识。可见，有了兴趣，才会更好地指导行动。问题是思维的起点，一切发现、创新都是以问题为中心，在探究的过程中来完成。如果说问题是种子，那么数学情境就是数学问题发芽的土壤，也就是说只有精心创设的数学情境，才会引导学生发现问题和提出问题。在参与性学习活动中，只有让学生意识到问题的存在，才能激发学生参与和探究的兴趣。合理地选择多媒体，创设情境，为学生提供丰富生动的学习背景。教师要根据学习内容，从社会生活实际出发，将学生熟悉和感兴趣的实例作为情境，设计出具有启发性、挑战性和适度性的问题，激发学生求知欲的同时，也要在学生的最近发展区内，让学生能够解决问题。因为问题是在情境的作用下才产生的，生动直观的形象有利于学生有意义联想的发生，进而使学生利用已有的知识、经验，完成当前新知识的同化或顺应。对比之下，在传统的课堂讲授中，所提供的情境不足够生动、丰富或形象，不能有效地激发联想，难以提取长时记忆中的有关内容，因而知识的建构发生困难也在所难免。也就是说，传统的教学手段由于缺乏情境性，以至学生难以将所学新知识纳入原有图式。恰恰多媒体作为提供丰富形象的学习材料的得力工具，可以为创设教学情境提供极大的便利。它通过提供图片、视频、声音等多种媒体，构建情景交融的问题情境，吸引学生的兴趣和求知欲，把需要强制学生有意注意才可能接受的新数学知识，通过兴趣使然，水到渠成的无意注意就可以轻松获得，为课堂教学的顺利进行和良好的课堂教学效果提供了前提。

3. 探索和认知

将教育技术作为认知的工具，设计探究活动，给予学生主动参与的机会。认知参与是学生在学习活动中采取的学习策略，主要划分为高级学习策略和低级学习策略，培养学生的学习能力，从学会到会学。活动是知识的载体。关于知识，建构主义认为知识并不是对现实的准确表征，只是一种可能的解释或假设，并非问题的最终答案。因此，教学不能把知识作为预先确定好的东西强塞给学生，学生学习知识的过程是以他们原有的知识经验通过参与活动，依靠自己的意义建构来完成的。在数学参与性教学中，探究活动必不可少，无论是以主题探究为中心，还是以问题解决为中心，或是以任务驱动为中心的探究活动，教师都可以引导学生去积极参与、主动探索发现知识，不仅能使学生充分地参与到学习中来，更可观的是培养学生的思维能力。在各种各样的课堂探究活动中，多媒体并不只是把教学信息简单地丢到学生面前，让其自己接收，而是与其他教学方法融合，最大限度地激活学生的经验与思维，促进学生在活动过程中完成对新知识的同化，构建新的图式。作为促进主动学习、协作探索的认知工具的多媒体有多种多样的形式和形态，如投影仪、电子白板、数学实验室、"Z＋Z"智能教育平台、几何画板和mathematica（一款知名数学计算软件）等，可以建立数学模型、图形和轨迹，开展数学实验，化静为动，画抽象为具体，为学习者的认知参与提供帮助。可见，利用现代教育技术，可以从多角度为学生的数学参与性学习创设一种几近真实情境的外部条件和学习环境。

4. 交流和互动

将教育技术作为交互的工具，营造和谐的师生关系，充分发挥学生的主观能动性。交流互动是情感生长的土壤，良好的交互工具，会使情感参与的种子长成森林。参与性教学中，师生关系是核心。苏联教学论专家斯卡金说："我们建立了很合理的、很有逻辑的教学过程，但它给积极情感的食粮很少，因而引起了许多学生的苦恼、恐惧和别的消极感受，阻止他们全力以赴地去学习。"教师应与学生建立起民主平等的和谐师生关系，严肃却又不失幽默，张弛有度，让学生在自由民主的氛围中无拘无束地交流，进而唤醒学生的主体情感参与，充分发挥学生的主观能动性。多媒体的交互性是其最大魅力的体现之处，为师生、生生的沟通交流打开了一扇窗。在具体的实施过程中，可以将多媒体与信息资源库技术相结合，可以使学生与学生之间、学生和教师之间的交流沟通跨越时间和空间的限制；可以无限扩充每一个学生的信息来源，从而拓宽知识面，提高眼界，养成从不同角度发现问题和解决问题的能力。最重要的是，输入输出手段的多样化、个性化使学生的主观能动性得到了极大的发挥。

5. 评价反馈

将教育技术作为评价反馈的工具，建立对教师评价体系是促进参与性学习规范化的重要措施；健全对学生评价体系是让参与性学习得以推广的必要前提。评价反馈是为了促进发展。参与性教学评价是激励性评价。美国心理学家吉诺特曾经说过："在经历了若干年的教师工作之后，我得到一个令人惶恐的结论：教育的成功与失败，我是决定性的因素。我个人采用的方法和每天的情绪，是造成学习气氛和情境的主因。身为教师，我具有极大的力量，能够让孩子们活得愉快和悲惨。我可以是制造痛苦的工具，也可能是启发灵感的媒介。"来自教师、家长等长者的赏识和表扬等激励性评价，是学生学习动机中的附属内驱力；来自同伴、同学的积极肯定性评价，是学生学习动机中的自我提高内驱力。这些内驱力必然增加学生的学习信心，最终提高其学习成绩，促进认知内驱力的形成。多媒体进行评价反馈时，具有评价的主体多元化、反馈的形式多样化的特点。多媒体的超大容量，可以实时详尽地记录学生的课堂表现，一方面可供师生课后反复观摩和使用，总结和反思教与学中存在的问题，进而改善各自的教与学；另一方面，作为教学资源的积累，使其精华在课下供学生使用，避免了教师的重复劳动。同时，多媒体作为一个舞台，不同的学习成果、学习作品以图片、音频、视频来展现学生的创造性，为学生的成功体验提供见证。

三、现代教育技术在数学参与性学习中的具体应用措施

现代教育技术贯穿于整个教育过程，因而恰当地运用现代教育技术可以优化课堂教学，提高学生的课堂参与。根据教学内容和教学对象的特点，一方面发扬传统教学媒体的优良作用；另一方面合理地引进现代教学媒体，使两者各发挥其优势，相互补充，形成合理的教学过程体系，达到最优化的教学效果。以下即为下一章教学实验活动中所实施的一部分相关具体举措，期望为一线高中数学教学提供一点参考。

1. 指导课前行为

参与这一活动的指导策略主要是利用现代教育技术收集信息的作用，同时也最能体现形式多样化的原则。活动中虽然容易实现学生为主体参与教学目标、任务、内容的制定，但一定要对学生收集什么样的学习材料做出指导和要求。

包括参与备课，让学生课前收集有关课程内容的数据和资料；自主课前预习，选择适合自己的方式完成预习任务。通过微视频，学生在课前对集合的概念有所了解，并能简单地举例，进而在课堂中就可以有针对性地学习，提高课堂行为参与的积极性，增强学好数学的信心。同时，又可以培养学生独立学习、选择学习，最终会学习，培养了认知参与能力。

2. 创设问题情境

情感参与的基础这一活动的指导策略主要是现代教育技术提供材料的作用，但同时要坚持多媒体与教学内容的选择组合最佳化原则。

吸引学生注意力，激发学生兴趣，营造主动探索的课堂气氛，为学生的情感参与做准备。由于现代教育技术突破了传统教学手段音效、视频的限制，恰好可以在新课伊始，利用视、听的强烈冲击，引入和学习主题相关的教学背景。首先，在尚未开始学习新知识之前，就引起了学生强烈的注意，将课堂导向了学生积极参与的氛围。其次，利用生活中学生熟悉的实际问题所包含的数学原理，激发了学生的好奇心，进而驱动学生积极思考，带着求知的欲望，学生很快就会进入主动学习的状态。

温故知新，展现新旧知识的联系，让学生的思维得到训练。由于多媒体可以扩大课堂的容量，加快节奏，更能清晰地呈现知识的生成生长过程。

3. 设计探究活动

行为参与的载体这一活动的指导策略主要是现代教育技术认知探究的作用，多灵活地运用及时、准确的反馈这一原则。化抽象为直观，提供丰富生动的直观材料，攻克抽象的数学概念。例如，在讲锥体的体积公式时，可以运用多媒体进行演示，将三棱柱分割成三个体积相等的三棱锥的过程。一方面照顾了部分空间想象能力较弱的学生，另一方面也锻炼了动手能力比较强的学生；同时运用分割法这一知识的迁移，使学生的思维得到了训练。化静为动，展示动态的变化过程，完成知识的意义建构。

第五章

核心素养对于教师教育教学
发展的要求

第一节　转变教学理念

核心素养背景下，中华人民共和国成立以来的第八次基础教育课程改革正以令人瞩目的速度在全国顺利推进。这次改革，速度之快，难度之大，是前七次改革无法比较的，它将实现我国中小学课程从学科本位、知识本位向"为了每一个学生发展"的历史性转变。成千上万的教育工作者正以高度的历史责任感和极大的热情投入这场改革洪流之中，它必将对我国基础教育乃至整个教育的发展产生深远的影响。转变传统的教师教育观念，要加强对教师教育观念的教育，主要原因在于其具有重要的影响，影响了教师的态度和具体的行为，甚至于教师进行教育所取得的相关效果，应该从以下四个观点对教师教育进行解释和审视。

一、主动学习和了解新课改理论

广大一线教师应该加强对课改理论的学习和领会，深谙新课程的理念以指导我们的教学，以便于立足学科、抓住重点、有的放矢，尽快掌握课程改革的理论知识并适应课程改革的要求，融入课程改革的历史潮流中去。

课程功能的转变是课程改革的首要目标，改变旧的课程过于注重知识传授的倾向，即从单纯注重传授知识转变为引导学生学会学习，学会合作，学会生存，学会做人，关注学生全人的发展。这一根本性的转变，对于实现新课程的培养目标，在基础教育领域全面实施素质教育，培养学生具有社会责任感、健全人格、创新精神和实践能力、终身学习的愿望和能力、良好的信息素养和环境意识等具有重要意义。

转变学生的学习方式，要求改变过于强调接受学习、死记硬背、机械训练的现状，倡导学生主动参与、积极协作、乐于探究、勤于动手，培养学生收集和处理信息的能力、获取新知识的能力、分析和解决问题的能力以及交流与合作的能力。以往长期的灌输式学习使学生变得内向、被动、缺少自信、恭顺……自然也就窒息了学生的创造性。

建立与素质教育理念相一致的评价体系。改变课程评价过分强调甄别与选拔的功能，更加注重评价对学生的激励作用，使评价内容、评价标准、评价方法、评价工具都发生和素质教育相一致的改革，充分发挥评价促使学生全面发展的功能。

学校是课程改革的主阵地，教师是课改的主导，是课改的推行者，也是执行者，可以说教师在课改中的态度决定了课程改革的速度、质量和成就。

但是，如果我要问教师，你更习惯用哪一种模式进行你的教学活动，回答肯定是习惯传统模式的多。如果我要问，您只是在应付公开课和上级检查的时候使用课改模式吗？回答"是"的肯定要多得多。甚至还有教师说，既然我们传统的教育为国家建设培养了那么多的人才，怎么能说这种教育不好呢？并对新课程改革产生了怀疑，认为课程改革是不会持续下去的，以后还要回到传统的老路上。更多的教师在迷茫中徘徊，教案不知道该怎么写了，课不知道该怎样上了，考试不知道该怎么考了，学生不知道该怎么管了，书没法教了。

我们不难发现，课改倡导的更加重视学生全面发展的理念，重视培养学生自主、协作、探究学习的理念，建立与素质教育相一致的评价体系理念并没有真正走进我们教师的心灵，并没有改变教师教育的观念和思想，也没有名副其实地走进我们的课堂，我们看见的也许只是一副课改的空壳。

二、反思传统教育理念

为什么在课改实施中会出现教师有意识怠慢、冷落甚至是抵制课改呢？为什么要在教学中创造性地实施两个系统呢？教师教育观念难以改变的原因有哪些？又该做些什么样的改变呢？

首先，传统教育模式根深蒂固，影响巨大，几十年以来它已经成为我们教师的教育习惯了。这个习惯会让我们不由自主地对外来事物产生抵制，不感冒，拿刚刚起步的课改对抗几十年的传统，无疑是较为困难的。我们现在终于可以理解，为什么我们一定要坚持对学生进行养成教育了，实际上是一个原因，习惯一旦形成，改变就很难了，不是吗？

由于受传统教学观念、备课模式、教学行为、教学手段、学习方式、教研模式、评价方式、考试制度的影响，传授知识仍被认为是教师在课堂教学中的主要任务。教师习惯于以讲授为主的教学方式，教师一人唱独角戏，尽力把教学大纲规定的知识目标通过系统讲述、课堂练习、反复提问等具体教学方法，让学生接受、记忆、运用，认为这是完整、准确、有效传递教科书知识的最佳途径。而学生则负责记笔记、背诵、完成大量的测验和考试，整天处于被动应付、机械训练、死记硬背、简单重复之中，成绩好就是优秀学生，成绩不好就是差的学生，高考一考定终身，鲤鱼跳龙门的故事已经不是故事。

当然，改革并不是要否定一切，恰恰相反，对传统的教育模式要持辩证的观点。专家认为传统教育给我们留下了较为丰厚的遗产：我们具有较扎实的教材分析能力；具有较扎实的组织教学、调控课堂的能力；具有归纳、梳理知识，提高复习效果的能力；传统意义上的教学素养较为丰富等。那些反对一切，否定一切的做法都不是辩证唯物主义的，"任何认为可以离开基础知识和技能的传授积累就可以成为具有创造性的天才的说法都是值得怀疑的"。

课程改革要求教师不仅要从过去仅作为知识传授者这一角色中解放出来，还要从过去作为"道德说教者""道德偶像"的传统角色中解放出来。教师是学生学习和心理成长的引导者和促进者，这是21世纪教师最明显、最直接、最富时代性的角色特征，是教师角色特征中的核心特征。教的本质在于引导，引导的特点是含而不露，指而不明，开而不达，引而不发，引导的内容不仅包括方法和思维，同时也包括价值和做人。引导可以表现为一种启迪，可以表现为一种激励，它还可以表现为帮助学生检视和反思自我，确立能够达成的目标，帮助学生发现学习的个人意义和社会价值。

其次，高考指挥棒和社会、家长对升学率和质量的高要求对学校、教师形成了巨大的压力。学校因为害怕推行课改会导致升学率下降而不断给教师施加压力，教师压力的释放渠道那就只有学生了，为了让自己的学生能得到好的成绩和升学率，教师根本就不会也不敢使用还在推广中的不成熟的课改模式，那么一切就只有重新回到传统模式的老路上了，教师们经常私下说的"教学两张皮""穿新鞋走老路"恐怕就是这个意思，平时上课的时候依然是按照传统的教学方式和传统的学习方式，整个教学的指挥棒还是高考，应试教育还牢牢地主宰着我们的课堂。在应付检查的时候，教师则拿出另外一套教学方案，摆出有些新课改内容的样子给别人看。这肯定不是国家课程改革的初衷，也绝对不是目的。

真正实施素质教育，就必须摆脱应试教育的束缚，建立与素质教育配套的科学的评价体系。在评价的内容和标准上，新课程关注学生的全面发展，不仅仅关注学生知识和技能的获得情况，更关注学生学习的过程、方法，以及相应的情感态度和价值观等方面的发展。在评价方法的选择上，新课程倡导评价方法的多样化，尤其强调质性评价方法的应用。只有将质性的评价方法和量化的评价方法相结合，将形成性评价与总结性评价相结合，才可以有效地描述学生全面发展的状况，打破将考试成绩作为唯一的评价标准和手段，促进学生全面发展。

课改对教师的专业知识、业务能力和现代教育信息技术的掌握提出了更高要求。课改对教师职业的危机感、紧迫感超过了以往任何时候，教师的工作量成倍增加，教师内心的不安会很自然地表现出来，紧张、职业倦怠、抑郁、焦虑、烦躁、害怕，缺乏心理安全感，对课改只有抵制了。教师需要的是社会的尊重，生活的幸福，国家的培训，学校的支持。

三、建构新型师生关系

在新型的师生关系上，课改强调尊重、赞赏，"为了每一位学生的发展"是课程改革的核心思想，倡导以人为本，要求课堂建立"平等、民主、交流、和谐"的秩序。为了实现这一理念，教师必须尊重每一位学生做人的尊严和价值，中国传统师道尊严的师生关系发生了改变，传统的习惯将要接受新生事物的挑战。尊重学生，教师需要做到以下六点：

（1）不冷落学生；

（2）不大声训斥学生；

（3）不羞辱、嘲笑学生；

（4）不随意当众批评学生；

（5）不辱骂学生；

（6）不体罚学生。

当然，不呵斥、不辱骂、不体罚学生并不意味着教师对学生的错误可以视而不见，学生就可以不接受教师的批评了。相反，教师的批评能使学生不良的行为习惯受到谴责，能帮助学生消除思想上的污垢。只不过，教师批评的艺术是：不是盛气凌人的，不是不分场合的，是一视同仁的，语言是和煦的，批评是实事求是的。

师道尊严让你难看了，这个时候您是否还可以做到用平和的心态与学生在平等、民主的基础上交流呢？这个时候你还有没有想过教师的架子呢？

一些教师是在等待课改的失败，认为既然那么多的教师都在反对课改，那是不是有可能会回到老路上呢？还有一种教师是等待其他省和其他人先做好，自己照着做就可以了，是一种等现成的心理。这两种等待的心理都是不可取的。首先，课改是我国教育在21世纪发展的必然规律，也是世界大势，是国家进行的一项重大决策，如果不果断推行教育改革，那么我们落后于欧美国家教育的现实永远无法改变，差距也只会越拉越大，改革势在必行，不可能回头的。其次，坐享别人的成果从来都不会收获丰硕的果实，我们要做的应该是自己动手、丰衣足食，一边积极主动学习和接受课改理论知识，在教学实践中摸索成长，一边消化和吸收他人在课改中的成果，他山之石可以攻玉。

课改既然是改革，那就是摸着石头过河，没有标准，没有参考，从这个意义上讲我们教师既是课改的实施者，还是改革家，课改允许用时间来换得质量和进步，它需要一个较长的实践、总结、再实践、再总结的反复过程才有可能取得一定的成果。做什么事情不太可能是一蹴而就的，《课程标准》还有很多地方需要在实践中去完善，教师们在教学实践中已经发现了这样那样的问题。社会和学校不要给教师太多太大的压力，学校应该给教师的课改实践提供充分自由的空间，提供精神的、物质的和智力上的支持。教师现在要做的工作应该是正视现实、不能回避，放松心态、积极准备，学习理论、吃透领会，不等不靠，成为课改历史潮流中勇敢的改革者和实践者。

四、自身观念的正确定位

1. 教师职业不仅仅是为了谋求生存与发展

当前社会，教师的地位一般不被人重视和尊重，由此也导致了教师在开展教育活动的过程中，不能体现自己的价值。长久下去，就缺少了进行教育活动的精神支柱和高尚的人生信念，只是依靠其获得生存与发展。但是这并不是教师的唯一需要，因为教师职业具有更高层次的需要，就是能够从中实现对自我价值、自由、快乐的感受，由此也会感受到生活的意义，并加以充实。对于师范生来说，师范院校应该加强对其进行教师职业观念的教育，使其能够发挥才能，通过对社会历史的参与创造，实现师范生的自我发展。

2. 实现对传统的教师蜡烛观的转变

在文化生活以及社会生活中，对于教师所具有的高尚品格，通常被誉为燃烧自己照亮别人的蜡烛，以此来歌颂教师对教育事业无私奉献的精神和品格。但是这一种观点也存在一定的缺陷，只是注重教师对知识的输出，未体现出教育教学活动所具有的创造性，并且蜡烛观要求为他人做出贡献，可能会使教师产生出一种吃亏和委屈，又不能得到相应报酬和认同的感觉。对于教师职业来说，由于教育对象、内容以及情境都各不相同，所以能够有更大的创造性的发挥空间，同时获得的结果回报也非常丰厚，能够实现教师精神世界的满足，从而使教师获得职业尊严感以及自我实现感，或者社会对自己职业的评价和认可，从而促使教师在教学活动中能够充分地发挥和利用自己所具有的创新潜能。因此，在教育活动过程当中，应该注重教师职业的创造性与幸福感，对于教师来说，其不仅仅是照亮了别人，在这个过程中还能使自身体验到满足和快乐，甚至获得自己人生的价值，并使其得以充分发挥。

3. 实现对教师职业匠人观的转变

在我国的传统文化中，通常将教师认为是将自己的技艺简单重复的教书匠，将教师的教书活动解释为按照固有的程序，将自己所熟练掌握的技能按部就班地传给学生。按照这种观念，并没有对教师的教学活动进行正确的解释，单一地重复使学生无法感知具体的教学内容，也无法实现学生自主和创造的发挥，思想上禁锢了学生。因此，需要对这种现象加以转变，发展教师教育，使其能够适应时代的发展。

第二节　用心了解学生

在教育教学活动中用心了解学生，最主要的就是了解学生的学习情况。学生的学习情况简称学情，关于学情的解释有很多：有人认为学情包括学生原有的基础知识、学生现有的认知能力、学生原有的生活经验、学生的情感因素、学生的身心特征；有人认为学情包括学生的认知结构，学生的知识基础、学习方法、学习能力，学生的个性特点和兴趣爱好等；有人认为学情包括知识基础、能力基础、情感因素等。

一、了解学生的两个方面

1. 了解学生的实际知识水平与质量

学生的实际知识水平与质量具体是指学生的认知方式、智力发展的实际，即学生偏爱的加工信息的方式。学生掌握基础知识、基本技能的实际；每个单元学习前学生接受能力的实际（主要指知识准备和思想特点）；每个单元教学后学生掌握知识和技能的实际；学生预习、复习、完成作业的实际；学习的动机、学习态度、学习方法和习惯以及学习好的与学习有困难的学生实际。

2. 了解学生的个性、身心状况等

了解学生的个性、身心状况等具体是指了解学生思想品行、个性特点、兴趣爱好、身体状况等。虽然立足点、看法不尽相同，但归纳起来学情可以包括学生的身心特征、情感因素、知识基础、能力基础、认知基础，具体来说：

（1）学生原有的基础知识。学生已获得的知识与即将获得的知识是密切相关的。

（2）学生现有的认知能力。包括收集处理信息的能力和动手操作的能力、

自学能力、阅读能力、观察能力、思维能力、分析问题的能力。

（3）学生原有的生活经验。每名学生各自不同的生活经历和不同的观点、看法。这种已有的经历、经验和对待社会的观点，对于即将进行的课堂学习生活具有深刻的影响。

（4）学生的情感因素。学习的动机、学习态度、学习方法和习惯、兴趣爱好、个性特点，对教师的期望和建议等外部智力因素。

（5）学生的身心特征。自尊心、自信心和独立思考问题的能力。

二、了解高中数学教学中学生的学习情况范围

按照教育部考试中心出版的2014普通高等学校招生全国统一考试大纲要求，高中数学教学中学生的学习情况是指学生的知识、能力、个性品质三个方面的情况，具体来说：

1. 知识要求

所谓知识要求是指学生已经学习的知识和高中阶段学习的知识，高中阶段知识是《课程标准》中所规定的必修、选修课程中各个知识点，包括所有的数学概念和由概念导出的各个性质、法则、公式，各个公理、定理以及由其内容所蕴含的数学方法、数学思想方法、数学思想，还包括运算、收集整理数据、绘图制表等最基本的技能。对知识的要求依次是了解、理解、掌握三个层次。

2. 能力要求

能力是指空间想象的能力、概括和抽象的能力、推理和论证的能力、运算和求解的能力、对数据整理提取信息的能力以及应用数学知识发现、分析、解决生活生产中的实际问题能力和意识，善于用新颖独特的方法创新性解决问题的意识。

3. 个性品质要求

个性品质是指考生个体的情感、态度和价值观。要求考生能用数学眼光看待问题，能认识数学的科学价值以及在人类历史发展过程中的文化价值，从中体会到数学的理性精神，形成认真对待数学问题的思维习惯，能够发现数学作为自然科学的美学价值。通过平时的考练，考生能消除紧张急躁情绪，以一颗平常的心参加各种考试，当遇到容易的数学问题时不产生骄傲情

绪；当遇到难题时不放弃，能够静心独立思考，能够以实事求是、一丝不苟的态度解答试题，在困难面前不屈不挠，拥有战胜困难的勇气和决心，体现坚韧不拔的精神。

综合以上可知，课前了解学情就是指教师利用上课之前的一段时间，为保证上课的有效性和针对性，教师了解学生的知识、能力、个性品质的情况。具体来说，教师要了解学生是否具有与新知相对应的知识、经验、技能、能力，学生对待数学兴趣、态度情感等情况。课后了解学情就是教师上完课之后，了解学生对已学内容的掌握情况、能力形成情况以及对待所学知识的认识情况，即学生是否已经掌握所学知识点、掌握了多少、还有哪些知识点没有掌握，是否形成某种技能，学生的出错情况、出错的原因、对待错误的态度、是否及时改正反思情况，对新知识的应用情况，在困难面前不放弃、拥有战胜困难的勇气和决心等。

三、了解学情原则

1. 反身性原则

所谓反身性原则，就是教师要了解学生首先要了解自己，了解自己的优点、缺点以及自己认同的世界观、价值观和工作方式，敢于解剖自己，并乐意超越自己熟悉的方式去探索各类学生问题。只有对自己有非常清楚的认识，才能做好了解各种不同背景的学生的工作，并积极地引导他们。了解自己，教师常见的几个不足点：

（1）过于清高，高高在上，一方面对什么都表现得满不在乎，另一方面又对什么都看不惯，对学生来说过分强调师道尊严；

（2）当领导的面不说，领导走之后又大发议论，不能正确对待建议与牢骚的关系；

（3）好为人师，刚愎自用，不善于听取别人的意见和建议；

（4）缺乏应有的社会经验。

2. 客观性原则

了解学生的客观性原则就是要按照学生本来的实际面目调查研究学生的学情。首先要有实事求是的态度，既不能道听途说、偏听偏信，又不能凭一面之词主观臆断，需要认真调查和研究。其次要有科学的方法，即有一套符合学生实际规律的了解学情的方法，这种方法要经得起实践的检验。

3. 全面性原则

了解学情要求对学生学情有一个全面的了解，不可以以偏概全，不能以一次的成绩给学生贴标签，特别是对于那些学习上暂时有困难的学生，要从各个方面调查学生，善于找到他们的优点。既要了解学生的现有知识水平又要了解学生可能达到的知识水平；既要了解学生现有的能力水平，又要了解学生可能达到的能力水平；对于学生的个性品质也是这样。

4. 时效性原则

了解学情的时效性原则是指了解学情一定要及时有效。例如，考试之前，要及时了解学生的备考情况，考试过后，更要及时了解、分析学生的考试成绩、学生的归因和对待成绩的态度，不能平时不了解学生的学情，考试成绩出来，一看自己班的成绩不好，才找学生了解学情。再如，章起始课或模块起始课之前，要及时了解学情，因为章起始课或模块起始课一般是一个全新的知识的开始，一般来说与上一节的逻辑联系性差，所以课前要特别注重了解学情，了解学生是否具有相应的知识、经验，课后不仅要了解学生对新知识的掌握情况，还要了解学生对新知识的感受。

5. 持续性原则

持续性原则要求教师了解学生时必须连续不间断，注重平时的过程了解，把过程了解和结果了解结合起来，既有过程性了解又有终结性了解。了解学情不能忽冷忽热，不能只盯着学生的最后考试成绩，最后的考试成绩是过程的反映，关键还要靠平时的过程。

6. 教育性原则

教育性原则要求教师了解学生要有利于促进学生身心发展，这是在了解学生时必须遵循的原则。了解学生不能有损学生身心健康，允许学生犯错误，并给予学生改正错误的机会；不能一棍子打死，或者揪住小辫子不放，本着教育的原则，相信学生能做得越来越好。

四、了解学情的特点

1. 可操作性

教师了解学情应具有切实可行的操作性，这样才能具体实施，并且产生对应的教学价值，可操作性有如下几个方面的内容：

（1）什么时候了解；

（2）了解哪些学生；

（3）了解哪些内容；

（4）了解多长时间；

（5）采用什么方式；

（6）了解的结果如何处理；

（7）如何改进了解方式方法；

（8）对了解的结果做好记录，并进行整理分析，得出结论；

（9）反思自己了解学情的过程、方法、内容等。

2. 灵活性

制定好的了解方案可能受到学生、教育环境和条件等多方面的限制，需要灵活调整。例如，有的学生平时学习比较好，教师及本人的期望值都很高，一次考试失误成绩很差，面对考试成绩学生可能接受不了，会采取一些极端的措施，这时教师就要采取灵活的方法处理。

3. 针对性

了解学情，除平时的一般性了解之外，还可以针对某一问题专门了解，也可以针对某些学生进行专门了解。接手高一新班级时，可以设计侧重专门了解初高中知识衔接方面的数学题；可以设计侧重了解学生个性品质方面的访谈问卷了解学情；也可以专门对学困生进行了解，了解学困生的知识水平、学习困难的原因等。

五、数学教学中了解学情的学生分类及基本要求

不同的学生，其知识、能力、个性品质有很大的不同，作为教师应首先承认学生之间存在差异，并且能尊重学生之间的差异。尊重学生的差异，能做到

这一点确实不简单，特别是当我们面对学困生、问题学生的时候，然后积极主动去了解学生差异，基于以上原因，我把学情了解分为：了解优等生学情、了解中等生学情、了解学困生学情。

1. 了解优等生学情

（1）应注意其各个方面都比较优秀，不能因为其考试成绩好就"一好遮百丑"，优等生也有缺点，教师要正视其缺点，了解要及时并帮助学生改正，用发展的眼光看待学生。

（2）要了解其个性发展的要求，鼓励其大胆猜想，敢于创新，适当施压。

（3）要与其家长、班主任做好联系，共同做好辅导工作。

2. 了解中等生学情

（1）克服"只了解中等生学情"这一错误认识。有的教师认为了解学情只了解中等生就足够了，中等生学情能代表整个班级学情，实际上这是不对的，中等生的学情不能代表整个班级情况，所以教师们应注意克服这个错误认识。

（2）中等生问题的隐蔽性。他们的问题不像学困生那样明显，也不会像优等生那样受到教师同学的关爱，他们往往会隐藏或压抑自己，表现平平。因而他们的需求会被轻视和忽略，如果教师不及时给予了解，长期让问题沉默下去，中等生就会沦为问题生，越来越差。了解学情时，教师应特别注意这一点。

（3）从学习困难看，中等生的问题更具有典型性。中等生的学习问题很多，如双基不牢固、学习习惯不好、学习积极性不高、不善于独立思考、遇到困难为难发愁等，这些问题虽然在优等生和学困生中都有表现，但中等生的问题表现得更集中、更有规律，教师了解学情应抓住这一特点。

3. 了解学困生学情

（1）了解学困生要有一颗平常心。正确认识学困生，要相信学困生能取得进步，能逐步变好，只是需要时间、爱心、耐心、恒心和细心，用发展的眼光看待学困生，这样教师才能以平和的心态去做好学困生的了解工作。

（2）了解学困生，要有爱心。"没有爱就没有教育"，学困生的缺点毛病很多，常常有自卑心理，教师在了解学困生时，谈话的语气要委婉、满腔热情、平易近人，这样才能让学困生引起感情上的共鸣，他们才能敞开心扉，视教师为朋友，教师才能了解到学生的实底。

（3）了解学困生，要有耐心。例如学困生的作业中有很多错误，甚至是非常低级的错误，这时要求教师要认真作好记录，制定详尽的措施帮助改正，需要教师的耐心。

（4）了解学困生，要有恒心。学困生的毛病、错误很多，不是一次两次了解就能了解透彻，而是要经过长期、反复的了解工作，这时需要的是教师的恒心。

（5）了解学困生，要细心。虽然学困生的缺点、毛病很多，但每当学困生有一点点的进步时，教师都要及时了解到并给予肯定鼓励，这时需要的是教师的细心。

六、数学教学中了解学情的课型分类及基本要求

按照课型分类了解学情，课型可以分为新授课、习题课、复习课、讲评课。

1. 新授课

数学新授课，主要是为了形成某一数学概念，探究某一数学定理、法则、公式，解决某类数学问题而进行的一种课型。它的任务在于学懂、理解、掌握新的知识并将新的知识运用于生活实践和新的学习中。因此，新授课课前需要了解学生的知识基础或生活基础，为上新课打好基础；课后要了解学生对所学知识的理解、掌握程度、应用情况，以及学新知识之后的收获和感受。例如，在学习《算法的概念》一节课前可以这样设计问题了解：

（1）打电话分几个步骤？（了解生活基础）

（2）解二元一次方程组有几个步骤？求直线的斜率有几个步骤？（了解知识基础）

课后了解可以这样设计：

（1）完成课后的练习；

（2）学之前和学之后，你对算法认识上有什么不同？

2. 习题课

数学习题课一般是在新授课之后为巩固概念、法则、定理、公式而上的一种课型，其目的是通过做习题巩固基础知识、形成基本技能、掌握基本的解题

方法。习题课课前需要了解学生对刚刚学习的概念、法则、定理、公式是否能记住、理解、简单地应用（正用、逆用）以及认识；课后了解学生对概念是否有更深刻的理解，能否对公式、法则、定理变形使用、灵活使用以及对这些知识的认识等。

3. 复习课

复习课是在学完一章或者一单元或者一个模块之后，对这一部分知识的一个整体复习，复习课课前需要了解学生对这一部分单个的概念、公式、定理、法则是否掌握，在以前的学习中出现过哪些错误，学习中有哪些困难，对这一部分学习情况的整体评价；课后需要了解这一部分是否形成了知识网络，可以用让学生画知识树的方法检测学生的情况，重点题型、解题方法是否掌握、能否应用等。

4. 讲评课

讲评课一般是在一章、一个单元或者一个模块考试之后，针对考试情况而上的一种课型。

讲评课课前需要：

（1）批阅试卷并搞好分数统计，批阅的过程中做好错题、典型解题方法的统计；

（2）找出成绩优秀的同学、进步的同学、退步的同学、一般的同学以便在上课时给出评价；

（3）可按分类及统计方式了解；

（4）对于选择题、填空题因为没有解题的过程，可让学生自行写出出错的原因以便教师参考。

课后需要了解：

（1）出错的题是否理解并会做了、错因是否弄明白；

（2）相应的变式联系是否会做；

（3）能否触类旁通、总结出相应的规律；

（4）是否反思，是否写出反思总结和今后的打算。

七、了解学生学情的一般方法

一般了解学生学情的方法有如下几种：

1. 查阅资料分析法

（1）收集各种资料，包括学生的入学档案、学生成长记录袋、宿舍记录、一日常规记录、学生的各种作业、历次考试成绩等，了解学生；

（2）对各种资料进行分类统计。

2. 观察法

在自然状态下，通过课前、课中、课后和平时观察了解学生。

3. 谈话法

事先设计好谈话的内容，选择合适的时机，通过与学生平等对话了解学生。

4. 访谈问卷法

设计好访谈问卷，让学生做问卷，然后对问卷进行统计，从中提取需要的数据，整理、分析，并做出判断。

5. 家访法

家访法即家庭访问法，事先和学生家长约好，然后到学生家中和学生家长面对面访谈。

6. 间接渠道了解法

通过他人（同学、班主任）了解。

7. 综合分析法

对已掌握的材料进行抽象、概括、分析、综合，从中抽取需要的信息，深入了解学生，这时教师要准备好《学生成长记录袋》，全程详细记录学生的成长历程，为学生的成长、成才、成功打下基础。

八、数学教学中了解学情的途径

数学教学中了解学情的途径有如下几种：

（1）通过批阅各种作业或考试试卷了解学情；

（2）通过问学生问题或者聊天了解学情；

（3）通过自习课观察了解学情；

（4）通过学生了解学生学情；

（5）通过班主任了解学情；

（6）通过其他学科教师了解学生学情；

（7）通过家长了解学情。

第三节　加强专业发展

随着社会的发展和教育的制度化，教师的社会功能日益显著，教师的职业内涵逐渐丰富，教师职业进入了专门化阶段。尤其是核心素养培养背景下，教师的专业化发展变得更加重要。教师的专业化发展，是有利于高中数学教学发展的，也是有利于基础教育发展的。

一、教师专业化初级发展阶段

在欧洲，普及初等教育问题的提出，群众性学校的兴办，对教师的量提出了迫切的要求，原来兼职的教师显然不能满足教育发展的需要，于是专职的教师出现了。早期担任群众性学校的教师，多从劳动群众中挑选，有一定知识经验的人即可当教师。然而，伴随着资本主义的发展，教育普及程度不断提高，西方各国的学校教育发生了很大的变化。特别是教学内容、教学形式的变更，使得教学变得不再是一件容易的事了。它要求教师要具备一定的学科知识，同时要有相当的能力以及相应的教学和教育的技能和方法。于是专门训练教师就成了必要，师范学校也就应运而生了。1681年，拉萨尔在法国创立了世界上最早的师资培训学校。

在19世纪初期，法兰西第一帝国就实施了初等教育教师考核和证书制度。之后，其他欧美国家纷纷效仿，并且，实施对象从初等教育的教师逐渐扩展到其他教育层次的教师，获得教师资格的标准也越来越严格。但是，必须指出的是，这一时期的教师资格标准主要还是体现在对学历的要求上，特别是对高中以及以上层次的教师而言。

"废科举，兴学校"，拉开了中国近代教育的序幕。普及教育的提倡，师范教育的兴办，使教师群体的数量大增。教师作为一个独立的专职社会群体在组织上出现并逐渐得到了强化。官与师实现了分离。教师职业中传授学科知识的意识得到了强化，对学科知识的掌握和具有教授这些知识的能力与方法，成为教师的基本条件。师与学科的关系意识加强，出现了与古代教师"传道"有所不同的业务意识以及作为专业教师的意识。当然，这里所说的专业，并不是指把教师职业本身作为专业，而是指教师承担课程所属的学科专业。

在这一阶段，教师职业已从兼职发展成为一个专职的工作，并且人们已对教育教学的复杂性有了一定的认识，要求教师不仅要掌握所教学科的知识，同时还应了解如何教会学生学习，于是教育的专业性逐渐凸显出来。这使得教师的专门培养以及资格控制均有了必要，教师职业开始迈向专业化的历程。但是由于受历史条件的限制，以及教育理论发展水平的制约，人们对教师职业内在价值和劳动本质尚缺乏深入思考和发现，教师的职业自我意识还未觉醒。"智者为师""学者为师"是这一时期占主流的教师职业观。教师职业的专业化发展仍处于较低水平。

二、教师专业化深入发展阶段

20世纪中叶以后，教师职业的专业化开始往纵深方向发展。

1966年，联合国教科文组织在巴黎召开"关于教师地位的政府问题特别会议"。会议通过的《关于教师地位的建议》明确强调："教育工作应被视为专门职业。这种职业是一种要求教员具备经过严格而持续不断的研究才能获得并维持专业知识及专门技能的公共业务；它要求对所辖学生的教育和福利具有个人的及共同的责任"。这是第一次经由国际间的教育学者和政府人士共同讨论，给予各国教师以专业的确认和鼓励。

20世纪80年代中期，以美国卡耐基教育促进会的《国家为21世纪准备教师》和霍姆斯协会的《明天的教师》两个报告的先后发表为标志，美国率先在西方世界中掀起一场声势浩大的教师专业化运动。这场运动随即波及西方其他国家，成了影响西方乃至全世界教师职业发展的教师专业化浪潮。

1996年，联合国教科文组织召开的第45届国际教育大会以《加强变化世界中教师的作用》为题，再次强调教师在社会变革中的作用，明确指出"专业化——作为一种改善教师地位和工作条件的策略"。

在我国，1993年10月31日，第八届全国人民代表大会常务委员会第四次会议通过了《中华人民共和国教师法》。该法第三条规定：教师是履行教育教学职责的专业人员，承担着教书育人、培养社会主义事业建设者和接班人、提高民族素质的使命。首次提出国家实行教师资格制度，并实行教师职务制度，逐步实行教师聘任制度。1995年，国务院颁布《教师资格条例》。2000年9月，教育部颁发《〈教师资格条例〉实施办法》，教师资格制度实施工作在全国正式启动。这一系列政策措施的相继出台，充分表明我国政府已经把教师职业的专业化摆上了议事日程。

三、中国教师专业发展的文化内涵

自20世纪80年代以来，随着中国改革开放的不断加速，中国教师专业发展的进程也在全球化的背景下，受到了前所未有的重视，成为学校教育发展的一个重要组成部分。然而，在融通世界潮流、进行本土探索的实践中，如何寻找中国教师专业发展自身的文化理由，以及确立自身发展的可行路径，却是一个为人忽视的方面。本书试图为中国教师专业发展实践给出一种文化的解释，并为中国教师专业自身的发展提供必要的分析基础，并提供一种基于中国实践的经验分享。

在中国，公开课（也称为观摩课、展示课）是普遍存在的现象，涉及学校、地区甚至全国范围，在学校情境中，公开课具有两个方面的作用：一是通过为教师搭建展示自我的舞台，使骨干教师和名师在这种环境下脱颖而出；二是通过公开课给普通教师树立样板，为教学提供优秀案例。从这意义上，公开课已经成为一种新的教师专业发展机制，并成为中国许多地区考核教师晋升的一个必要条件。

公开课的流行，不可否认的是政府代表国家教育系统对教师教学工作的业务指导和评估检查。课堂公开化也成为对教师的专业生活进行督查的一种手段。

但在学校情境中，除了督查型的公开课，还有很多竞争型、展示型、研究型的公开课。尽管此类公开课同督查型或者与通常的课堂一样，从教材到理念，本质上渗透了国家意志，但其对于教学探究、革新的作用是实实在在的。

在这类公开课中，个体教师的精心设计和教师们的群策群力，以及教研员的指导，构成了集体智慧的结晶。一方面为实践和探索新的教育教学理念、教学途径等提供了必要的途径；另一方面，为参与的教师，提供了一个共同成长的机会。

可以说，公开课已经成为一种与教学相联系的教研制度，并成为教师探究课堂教学的专业生活方式。尽管教师在专业上的成长不仅仅限于公开课，但公开课这一制度方式在学校情境中教师专业发展的重要性已成共识，其既有利于个体教师的专业发展，也对教师之间的专业合作具有实践意义。

教师间的互相观课和指导已经被认为是一种有利于教师持续专业发展的有效途径，成为改善教学质量的重要因素。当同事之间开放自己的教室，教师就有了互相切磋教学问题的伙伴。可以说，同事之间在教学上的开放和互相支持正是发展优质教育的重要资源。

在我国，集体备课、集体听课和集体评价是比公开课更为常规的教研活动。这种做法已经有着长期的传统。在20世纪50年代所建立的统一教学研究管理制度，无论是年级备课组还是学科教研组，其主要的活动方式即组织教师集体备课、集体听课和集体评价，提倡教师之间可以分享备课资料和集体体验课堂教学的效果。至于基于合作的学校、教师和专家之间的听课和交流，这已经成为大学和学校教师之间形成良好合作伙伴关系的一个组成部分。

相对以上的活动，在个体教师之间的相互指导，也有相当的基础。例如在学校中对新教师的传、帮、带（即老带青）的做法，一直延续至今，成为中小学培养初任教师的专业传统。

进而，在教师专业发展的合作文化方面，加强教师之间以及在课程实施等教学活动上的专业对话、沟通、协调和合作，共同分享经验，通过互动彼此支持，建设优秀的教师团队，可以说我国已经具备了良好的基础。

早在1957年1月21日，教育部就加强学校的教学工作颁布了《关于中学教学研究组工作条例（草案）》，要求各地试行。这个条例共有八条，其中规定教研组的任务是：组织教师进行教学研究工作，总结、交流教学经验，提高教师思想、业务水平，以提高教育质量，并对教研组的工作内容、组织领导等也做了规定（中央教育科学研究所，1983）。这是建立统一的教学研究管理系统的重要措施，也是学习苏联经验建立统一的教学制度的结果。自那时起，中小学逐步并全面建立了学科教研组，主要在同年级建立备课组（即年级组，也处理年级管理事务等），由每门学科各个不同年级的备课组共同组成该学科的教学教研组。各区县和省市也建立了相应的教研室，由此形成了一个纵（学科教研组）横（年级备课组）结合的统一的教学研究管理系统。其主要任务是制订学年、学期和每周，甚至每一节课的备课和教学计划，在教学的要求、进度、要点、作业练习等几个方面达到统一，保证一定教学的规格。尽管从今天来看，这种合作的宗旨相当行政化，而且强调统一规格的教学规范，但也为教师之间的专业合作奠定了组织基础。

专业团队合作是从中间层面出发，一方面希望通过教师之间的专业合作推动学校教育教学整体质量的提高，更重要的方面是力图最大限度地满足在学校环境中每个教师的专业发展需要，通过教师之间的专业合作提升教师个体在专业能力、知识、态度等方面的发展。

为此，我们推进一项新的专业团队计划，其主要内涵是，最大限度满足在学校环境中每个教师的专业发展需要，强调教师之间的专业对话和合作，营造教师之间专业合作的精神面貌和合作氛围，在学校中打造一支优秀的教师专业发展团队，从而推进每个教师在专业态度、能力和知识等方面的发展，提高课堂教学的质量和提升整个学校教育的水平。进而在以下三个方面加以推进：

第一，团队的异质组合。这主要指不同层次的教师结合，体现在相互促进的基础上，推进每个成员的专业发展。

第二，团队的跨学科组合。这主要指文理科教师的结合，体现为运用不同的教学策略，帮助不同认知特点的学生学习。首先，考虑由数学团队的教师分析自己组中或所教班级中那些数学成绩好而语文不理想的学生的学习情况，而语文团队的教师分析自己组中或所教班级中那些语文成绩好而数学不理想的学生的学习情况，在一个学期中两个团队之间进行交流活动几次。目的在于，分析这些情况与学生不同的认知特点的关系、与不同学科学习的教学策略的关系，以及如何变换教学策略以适应不同学生的不同认知和学习特点。其次，在以上基础上，建立若干跨学科人员组合的专业团队。因此，以教师和学生这两个切入点进行异质分享，以推进专业团队建设的深入。关键在于以异质分享的方式，实现异质（差异）学生个体对于知识的共享和理解，提高课程教学的实际效能。

第三，学校教研制度内涵与功能的重构。在教研组、年级组和专业团队进行功能与内涵的重构。以原有的教研组和年级组为学校行政架构的支点，其主要职能在于：实现上情下达和下情上达的协调发展，具体的工作落实到不同的专业团队之中。以教师之间的专业团队合作为教师专业发展的支点，主要职能在于：在教师专业团队合作的基础上，以教师专业发展为核心融合各项改革任务，以不同团队的自身建设目标分解设计并因地制宜地加以创新性实施。

四、教师专业化发展的意义

"社会职业有一条铁的规律，即只有专业化才有社会地位，才能受到社会的尊重。如果一个职业是人人可以担任的，则在社会上是没有地位的。教师如果没有社会地位，教师的职业不被社会尊重，那么这个社会的教育大厦就会倒塌，这个社会也不会进步。"这句话深刻阐明了教师专业化对于教师职业和教育事业发展的意义。就我国目前的具体状况而言，教师专业化的推进，具有尤为显著的现实意义。

1. 有利于公众认识教师的职业性质

长期以来，在公众和社会舆论方面，对教师职业强调的主要是知识传授方面的要求。中小学生所学内容的浅显性，使得相当多的人并不看重教师作为专业人员的理论水平与特殊能力。尽管社会赞美教师，但人们歌颂的只是他们对学生的爱心、默默无闻的奉献，像红烛一样燃烧自己照亮别人，像园丁一样用心血、汗水浇灌幼苗，像春蚕那样到死丝方尽；人们歌颂的只是教师为他人成长，对社会发展无私奉献的高尚精神。然而，这种歌颂并不带来人们像对富有创造性的专业工作人员那般的尊重。讲究实惠的人大多不选择当教师。他们主要看到的是大多数教师的辛苦与烦恼，生活缺乏休闲与情趣，换来的报酬也不高。一些在事业上有高追求或才智优秀的人也不会选择当教师，因为在他们眼中，教师职业并不是实现高追求和需要优秀才智的职业。

教师专业化的推进将有利于改变人们对教师职业性质的认识。它能让人们意识到，教育过程不是简单的传授过程或塑造过程，不是一个单向的影响过程，而是由师生共同构成的一个互动过程。今日的教师，已经不能只停留在完成传递文化、知识、技能上，停留在让学生只知学习与继承，不思也不会创造的水平上。从教育目标的确立，到具体教育教学实际活动的展开，都具有相当的复杂性，它迫切需要教师理性的思维与创造性的行为。可以说，现代教师职业是一种十分复杂的、需要高度心智的专业活动，是一种要求从业者具有很高的专业知识、技能和修养的专业，而不是人人可为的简单工作。

2. 有利于增强教师职业价值感和专业感

在日常的教育教学实践中，我们会看到一些教师，对教育教学缺乏应有的投入和认同，看不到自己工作的价值，体验不到工作的乐趣，充满着职业的自卑情绪，无奈、敷衍、厌烦、焦躁、煎熬等成了他们的工作状态。究其原因，既有社会对教师工作的专业性特质未能给予充分的认可与尊重的因素，也有教师缺乏职业自我意识的缘故。由于受传统观念的影响，我国不少教师习惯于遵从外在的社会规约，盲目接受社会的判断和要求，教学中把自己定位为满足特定社会需求的"传声筒""代言人""执行者"的角色。于是，教师的职业价值工具化了，而作为"我"的教师职业主体意识却被销蚀、被放逐，教师从事教育活动的内在价值和尊严也就所剩无几了。

教师专业化的推进，教师专业归属的强调，无疑有助于唤起作为职业主体的教师反思和重建自己的教师职业意识和职业行为，使自己成为自觉创造教师职业生命和职业内在尊严的主体。因为，当教师意识到自己所从事的是一项复杂的具有高度创造性、需要终身学习和奉献的工作时，教师的职业自尊心、职业价值感、专业方向感就会油然而生，过一种有意义、有尊严的职业生活也将成为教师的自觉追求，学习、反思、研究、创造将成为教师的职业生活方式。

当教师不再把教育教学仅仅看作谋生的手段时，教育教学工作对他（她）而言，就会充满乐趣。爱因斯坦曾说：真正的快乐，是对生活的乐观，对工作的愉快，对事业的兴奋。美国教育家吉柏特·希格赫在《教学的艺术》中讲道："如果你真正喜欢你这门课，那么甚至在你疲劳的时候去教也会轻松容易；当你精神饱满的时候去教，便会觉得是一种享受，你总是想能得到一个新的实例、新的论题、有趣的观点。"

当教师的学习、反思已成习惯时，当教师把研究作为他的生活方式时，教师就会经常体验到发展自己、超越自己、实现自己的人生价值的快乐。苏霍姆林斯基说："如果你想让教师的劳动能够给教师带来乐趣，使天天上课不至于变成一种单调乏味的义务，那你就应该引导每一位教师走上从事研究这条幸福的道路来。"

当教师认识到自身工作的创造性，并以高度的自主性和巨大的内驱力去创造性地开展工作时，教师感受到的将不再只是单纯的为学生的付出，而是自身创造性生活的一部分。教学的过程成为师生双方实现自己生命价值和自身发展的过程。在创造性的劳动中，教师享受着因过程本身而带来的自身生命力焕发的欢乐。

3. 有利于教育事业的健康发展

教师是教育事业和人类精神生命的重要创造者。"没有教师的生命质量的提升，就很难有高的教育质量；没有教师精神的解放，就很难有学生精神的解放；没有教师的主动发展，就很难有学生的主动发展；没有教师的教育创造，就很难有学生的创造精神。总之，教育是一个使教育者和受教育者都变得更完善的职业，而且，只有当教育者自觉地完善自己时，才能更有利于学生的完善与发展。"当教师把教育工作视为一生的事业加以追求时，当教师以学习、反思、创造作为自己的生活方式时，工作将不再是负担和应付，而是内在需要和身心享受。同时，教师也由此赢得了社会的肯定与尊重。这正如近年来国际上对教师问题研究所得出的结论那样："无论是社会，还是个人，均不能给某种职业施予尊严。职业威信不是外在的，与其说它是外在争取的结果，还不如说职业的尊严体现在从职人员的工作行动中。"

"国家的振兴在于教育，教育的振兴在于教师。"当教师职业不再与平庸、烦琐相关联，而是与高尚、创造、尊严为伍时；当教师的劳动不再是重复、枯燥，而是充满着发现的喜悦和探究的乐趣时，我们教育事业的兴旺发达就是近在眼前的事了。

第四节　勇敢追求未来

一、新入职教师的专业成长

教育是每个人使自身在以后能够更好发展的前提。由于学生大部分时间需要在学校生活学习，一般认为，在家庭教育、社会教育和学校教育三者中最为关键的部分是学校教育。作为学校教育的实施者——教师，自然在教育教学过程中扮演着举足轻重的地位。教师的专业水平、教学能力等素质以及未来的发展前景将对教育起着深远的影响。因此，对教师专业发展的研究是一个值得深入研究的重要课题。人们都期待高素质、高水平的教师，这样的教师在生活中常有不同角度的理解，诸如骨干教师、学科带头人和教育专家等。同时，家长与学生都期望自己能够拥有一位专业发展水平较高的教师，然而在家长与学生的心中常有这样一种认识，只有年长的、教学经验丰富的教师才能够称为高水平教师。因此，对新入职的教师有一定的抵触情绪。新入职教师的专业发展途径与策略通过对教师专业发展情况的调查研究，从集中反映的几类问题出发，有针对性地探索教师专业发展之路是教育研究的一项重要而紧迫的任务。

1. 丰富教师专业知识

（1）建立名师工作室。名师工作室是为解决基层师资队伍建设、名师资源辐射、专项课题研究等问题，集教学、研究、培训于一体而专门组织的一种由名师和一些相同学科的骨干教师所组成的教育教学专业机构，是教师职后教学成长的一种创新尝试，具有明确的活动内容。名师工作室能够让更多的青年才俊通过团队合作和专项研究得到快速发展，能够将新课程改革尤其是新课程背景下的学校教育教学工作推向深入。成立学校高中数学名师工作室是学校教学质量建设和提升的需要，是学校发展的保障，也是教师个人提升、发展的平台和摇篮。以数学名师工作室为依托的教师专业发展，具有诸多优势：能够使新入职的高中数学教师在教学行动中研究教学，有利于新入职高中数学教师对专业知识的积累；有利于实现新入职高中数学教师间教学信息共享，形成教师专业发展资源优势。高中数学名师工作室是一个集教学诊断、理论学习与实践交流模式于一体的，有聚焦、开放式、有参与的实践平台；推动新入职高中数学教师积淀本体性、条件下及实践性等专业知识；促进新入职高中数学教师提高教学设计、课堂教学、教学反思、教学评价及教育研究等教学技能；引领新入职高中数学教师凝聚精神，提升其专业认同，缓解其职业倦怠，激发其主体反思。高中数学名师工作室能够促进整个新入职高中数学教师队伍的成长，使其更加专业化。

（2）教师敦促自身努力。新入职高中数学教师，要不断努力学习，拓展自身专业知识储备量，规划自己的未来，对生活和工作充满热情，尊重帮助他人，发现自身的优缺点，使自身得到最大限度的发展。新教师成为合格教师、骨干教师、优秀教师、名师、专家型教师、教育家的过程，必须是不断学习、实践、积累、研究和创新的过程。因此，作为新入职教师要拥有终身学习的意识，尤其是处于信息时代的教师，要树立自我专业成长意识，养成自主学习、终身学习的习惯，成为专业发展的自觉实践者和受益者。养成多听新闻的习惯，跟上时代的脉动，向社会学习。养成网上学习的习惯，紧跟科技时代的步伐。通过不断学习丰富自身的精神和思想。人的身体发育受年龄限制，而精神发育却是一辈子的事，教师应该走一辈子精神发育的路，只有如此，才不会被未来的学生抛在后面，才不会被时代抛在后面。同时要通过阅读和学习教育学方面的书籍，不断提高自身专业理念与师德，培养正确的职业态度，拥有敬业精神，追求卓越的精神，教学过程中拥有服务意识、公平意识；端正自身对高中生以及教育教学的态度和行为，树立正确职业道德观、教育观、学生观、竞争观；提高自身专业能力，包括教学组织能力、表达能力、教学设计能力、教学监控能力。通过对自身的发展，最终将自己从一名新教师转变为有经验的教师，最终向教育家式教师、钻研型教师、智慧型教师以及全能型教师发展。

2. 提升教师课堂教学能力

（1）构建精品微课堂。微课堂是近些年流行的一种通过对教学科目知识点进行细致划分和系统组织而形成的另类教学风格。构建高中数学精品微课堂能够解决教师专业发展中理论与实践相脱节的问题，解决教师工作与学习、研究之间的矛盾，改变教师自上而下的专业发展模式，将教学原理和教学实践相结合。新入职高中数学教师能够随时随地在线观摩微课堂，与同行对话互动，分享教学经验，借鉴其他教师教学实践性智慧，如此将有助于新入职高中数学教师有针对性地弥补自身的不足，促进教师教学设计、课堂驾驭以及组织学生探究学习和反思等能力的提高。具体构建精品微课堂的方法是：教师针对每个具体知识点进行详细的讲解，并且将讲解的过程制作成较短的教学视频，加以电子讲义、习题等数字化资料，通过计算机、平板电脑等数字终端呈现于学生和其他教师面前。其中，知识要被足够细致地切分，以确保在较短时间的视频内能够足够详细讲解，有助于观看人理解接受。教师通过微课堂可以在教学中授予知识，提升学习质量；在管理中分析知识，有效引导改善；在交流中传播知识，沟通发掘拓展。

（2）积极寻求同行交流。作为新入职的高中数学教师，专业发展除了需要自身努力之外，还需要积极向同行进行交流学习。尤其需要向经验丰富的老教师求教。作为教师需要掌握多项教学技能，而这些教学技能大部分是需要通过实践以及丰富的教学经验才能够获得的。因此，新入职高中数学教师要积极接受学校里的"传带帮"，即有经验的教师对新手教师在工作或学习中对文化知识、技术技能、经验经历等给予亲自传授。传带帮是一种俗语，是一种方式，也是一种方法，是一种氛围也是一种风气，中国一直遵循传带帮的传授方式，传带帮的形式和效果从古至今也一直被人们所认同。传带帮方式是有效培养人才的途径。同时，新入职高中数学教师在与同行交流时要诚信、热情、开朗，用心去交流。如此才有利于自身专业发展。

3. 提高教师科研和教研能力

（1）加大教育投入。一个国家能否走向真正的强大，其力量来源于教育。本次研究调查结果显示，新入职高中数学教师专业发展最大问题就是不能经常参加科研和教研活动。除了自身原因以外，最根本原因是教育投入不足，除了学校的原因、教师自身的原因之外还有国家和社会的原因。就教育资金的投入来说，由于我国的经济条件限制，教育投入远远低于国际水平。因此，要想从根本上提高新入职高中数学教师的专业发展水平，就要加大国家的教育投入。解决新入职高中数学教师的后顾之忧，使其将精力完全投入教学中去。此外，新入职时期是教师专业发展的关键时期，在入职初期为新入职的教师提供有效支持，是最大效力地帮助他们，使他们在日后的专业发展中受益匪浅。因此，国家可以采取建立符合本地区需要的新教师培训制度，将入职教育纳入资格证书考核的内容，提供专门的培养资金，将取得教师资格证书的教师纳入国家公务员系统当中等政策，来保障新入职高中数学教师的专业发展。

（2）学校加强教师外出培训与网络培训。新入职教师所参加的教、科研活动大多以走形式为主，导致新入职高中数学教师接受培训的机会逐渐减少，接受培训的意愿逐渐减弱。因此，学校应当为新入职高中数学教师提供更多培训的机会，可以采取外出培训与网络培训的方式。外出培训，多指教师到大学或教师进修院校参加学历教育或继续教育，如信息技术全员培训、骨干教师培训等。这种职后学习、研究和进修具有良好的学习氛围，集体性的学习能够有效提高教师对培训重要性的认识，增强其内驱力。但是外出培训方式易消耗大量人力、物力、财力，同时教师需要付出很多的时间、精力。网络培训相对于外出培训具有以下特点：灵活，教师能够根据自身合适的时间、地点开始培训，能够掌握学习的主动权；个性化学习，教师可以针对某一问题反复学习，直至学会；效率高、费用低等。新入职高中数学教师因为工作时间短，没有足够的教学经验，因此教学能力方面相对薄弱，而且新入职高中数学教师一般学历较高，年龄偏小，接受能力强，能够快速跟上迅速发展的时代步伐。多媒体、电子信息等教学手段只要经过培训便能轻松掌握，因此学校应当趁着新入职高中数学教师拥有这些优势之时根据时间、地点、个人因素等对其采取外出培训或网络培训，同时加大培训力度，进而引导新入职高中数学教师树立终身学习观念，指导他们学会学习，提高他们的实际操作和教育创新能力，促进他们自助成长和提高，使他们专业发展水平得以提升。

4. 培养教师自我评价及反思意识

建立教师成长档案，提高教师自我评价及反思意识。教师成长档案，是有目的、有选择性地对教师专业发展过程做出记录与总结的有形的"证据实体"，是收集教师专业学习成就和进步资料，真实反映教师专业成长历程的凭证，具有结构性、目的性、针对性。建立教师成长档案能够激发教师的内在潜能，提高教师自我反思能力，促进教师之间相互学习，为学校发展提供决策依据。丹耶尔松曾指出新教师专业性反思和分析的有力手段便是为档案袋收集作品。每位教师都承担着自己的教学工作，新入职的高中数学教师亦不例外。因此，新入职的高中数学教师应当对自己的数学教学经历、业绩、经验和风格等进行自我回顾、反思和分析。进而了解自己专业发展的历程，如最初工作情况如何，经历了哪些转折和发展阶段，目前处于怎样的发展阶段、水平和状态，未来的规划应当如何。在此之间受过哪些关键人物、事件的影响，自身的优势和劣势都是什么等。这有利于教师自我评估能力以及自我反思能力的提高。因此，要根据学校教师队伍实际情况，依据客观性原则、全面性原则、个性化原则、互动性原则、发展性原则建立教师成长档案。教师成长档案内容包括个人基本信息、个人成长系列、评价系列。采取自我评价、同事评价、学生评价、家长评价、学校综合评价方式。教师成长档案由教师自己填写内容，自己管理。建立教师成长档案是使教师不断了解自己的过程，将新入职高中数学教师专业学习看作随时间不断发展的过程，自身教学反思能力提高的过程，促进帮助新入职高中数学教师获得发展的自主权并促使他们自我评价。

二、加强创新型教师培养

在当今教育发展的宏观背景下，教师教育是在终身教育思想指导下，按照教师专业发展的不同阶段，对教师的职前培养、入职教育和在职培训的统称，是包括了教师的职前培养与职后教育在内的一体化教育。我国教师教育在多年的探索中虽然积累了许多宝贵的经验，但还不能适应培养创新型人才的要求，特别是创新型教师培养的需求。要培养创新型的教师必须进行教师教育改革。

1. 职前培养改革

职前教师教育阶段，是一个又一个未来的创新型教师学习和生活的过程、场所。教师教育对教师要求和培养的过程，应将创新型教师作为培养目标之一。对教师的培养要注重其创新素养的形成。

（1）构建动态、开放、多元的教师教育课程。为了促进创新型教师的培养，教师教育课程应该是动态的、开放的、多元的。所谓动态是指课程的过程性与生成性，按照动态的指引，需要注重授课教师与职前教师在进行教育和学习的过程中，通过对相关的教育问题和情境进行共同的探讨与研究而形成。所谓开放，是指在进行教学活动中，其具体内容应该具有开放性，不是按部就班的、固定不变的教导内容，并且对于相关问题的答案不再像传统一样具有标准，只是将其作为参考。同时还要使职前教师与学生实现资料与学习的结合，为职前教师提供重要的学习资源。所谓多元，是指具体的教学活动方式多种多样，可以是传统的书本，也可以是电子文本、现场教学等方式。创新型教师的知识结构是广博精深的，因此要使不同学科的内容能够实现有益的结合，同时也需要立足于使知识得以综合与迁移的目标。在理念上，明确在不同知识之间建立起相应的架构，并且还需要通过采用科学方法实现具体教学方法和具体教学内容之间的联系，从而实现两者能够体现出一定的适当性和科学性。除此之外，还可以专门设立课程教学法的教师来对具体的实施方法加以讲授。要注重实践在教育过程中的重要作用，其属于灵魂和根本，但是灵魂和根本离不开理论引导。就是说，培养创新型教师，既不能只强调教育实践，也不能脱离教育理论，而要把理论与实践相融合。创新型教师的创新体现在教育教学实践中，在职前的教育中，应该设置促进理论与实践相融合的课程。对于教师的成长而言，理论的实践很重要，但实践的理论化或实践性理论更加重要。教师在教育活动中，要能够保障自己所具有的专业知识以及能力随着时代以及时间的发展而发展，以此来促进实践与理论的不断融合与改变，如可开展有重大教育价值的时间与知识论、时间智慧等一系列的命题，促进教师的专业化。

大多师范院校都认为自己的课程设置在不断增加师范生的实践课程，在不断夯实和强化师范生的实践能力：可以通过对实习时间的改变来进行，扩大实习时间为半年或一年，同时还可以采用理论与实践各占学期的一半时间，本学期终结之后返回学校对学习进行反思，这种培养模式被称为夹心培养。但这样的学习过程，看似融合性的，实际上并没有关照师范生知识、经验、能力的整合。由此，教学生活的完整性以及生命意义，被改变为无生命以及机械的一部分。学者杜威指出，进行教师培训计划中，只对技术能力进行强调，损害了教学的本性与学生的各方面发展。对于备用教师而言，往往只是被教导在教学活动中对批判性思维进行否定的必要，其自身也不会对实践中的课堂原则进行反思。通过这样的课程设置，未来的教师们会有目的有意识、主动地运用理论来思考和解决问题，更会从实践中发现自己的"行动理论"。他们的学习更容易向反思、研究型教师的方向前进。为了提高教师的现代教育技能，应该重视培养师范生以现代信息技术为基础的课程开发能力。国外发达国家教师教育改革当前的主要趋势是以计算机和网络等为工具进行课程开发，这种趋势体现了建构主义教学改革的思想。课程开发的目标应该使师范生的角色从基于技术学习而运用的消费者和参与观察者，转变为对自己的教学进行适当技术运用的开发者和设计者。在教学中，不但要重视师范生对一般信息技术性知识的掌握和能力的提高，还应该重视师范生在特定课程为中心的课程学习活动中能够适当地运用这些技术。

（2）形成创新型的教师教育者队伍。创新型人才的培养，需要创新型教师，而创新型教师的培养，需要创新型的教师教育者队伍。创新型的教师教育者队伍对创新型的教师具有模范榜样作用。要培养创新型教师，从事教师教育的教师必须是富有创新精神和创新能力的人。这就要求承担教师教育的教师把培养创新型的师范生作为教育目标，把培养教师的创新精神、创新思维和从事创造性活动的创新能力摆在教育的首位。教师教育者队伍的建设要努力造就一支数量适当、分布合理、结构优化、富有创新精神和创造能力的高素质、专业化的教师队伍。创新型教师的培养对教师教育承担者在教学中的要求主要表现在三个方面：

第一，培养学生问题意识。教学的最高境界是培养学生的问题意识。问题意识的本质是一种怀疑精神、一种探索。问题意识是研究的起点，没有问题意识就没有创新，问题是创新的基础和源泉。教师教育者要有意识地培养学生的问题意识，要让学生敢于提问、想问、善问、会问。

第二，激发学习的兴趣和对教育的热爱。有兴趣的学习会使学生在学习中感到愉快从而乐于学习，对教育的热爱会使学生更具有学习的热情。这样会使学生具有终身学习的能力以及投身教育实践的热情。

第三，提供知识材料，为学生滋生出新颖而独特的思想创造条件。知识是创新的基础，而学生成为教师的很多知识是在教育阶段获得的，因此教师教育者要给学生提供丰富的知识材料，使学生不断完善自身的知识结构，为其不断创新奠定基础。造就创新型的教师教育队伍对于创新型教师的培养至关重要。因此，要创造各种有益的条件，采取多种激励的措施，促进高水平创新型教师教育队伍的形成与发展。例如举办学术沙龙、创新论坛；实施探究教学、合作教学；设立伙伴学校、教研结队；开展专题辩论、创业大赛；实行民主管理、专家治学；创建教学团队、科研梯队；建立驱动教师开展创新活动的导向机制和激励机制等。

2. 职后成长建议

（1）注重教师职业生涯规划。创新型教师的成长是一个有规划的过程。教师职业生涯规划通常指在开放的教育教学情境，教师主体在内外双重机制的交互作用下，自我规划设计、主动谋求个人职业生涯和专业发展的动态活动过程。教师的发展应具有主动性。教师专业化成长，经历了从"教师群体专业化"到"教师个人被动专业化"再到"教师（个人主动）专业发展"的过程。创新型教师的成长更加注重个人主动性发展。教师职业生涯规划首先取决于教师自身的主动意愿。我们提倡教师要有计划、有策略地帮助学生实现主动、主体学习，而教师的成长首先也应该是主动发展。教师的职业生涯规划只有基于自愿、主动发展，才能有强烈、持久的成长驱力，才能激发教师的创新热情，才可能成为创新型教师。教师职业生涯规划的主体既可以是教师本人，也可以是教师工作的教育机构。教师职业生涯规划与发展设计师是本人，而不应该是他人，包括教师集体或组织。由于大多数中小学教师缺乏一定的职业生涯规划的系统知识和相应的能力，因此制订、实施职业生涯规划参考他人或集体、组织建议，但这并不意味着教师不是主体，从本质而言，教师职业生涯规划应该是教师个人主动、积极的自我规划及其实现。教育职业生涯规划相对而言，应具有一定的整体性和长远性，它不是学年、学期、某月、某星期的工作计划或工作方案，它的时间周期相对较长，因此好的教师职业生涯规划既应留有相应的空间，以不断补充、更新、完善，以保障在具体的执行过程中留有适度的灵活性。

我们在研究中发现有些教师的成长计划绝大多数都是在执行工作安排，如成长计划的内容包括职称晋升计划、骨干培养计划、本学期成长计划等，而本学期成长计划则包含了各种获奖等级、课堂教学的等级、发表论文数、公开课数量等内容。这种计划明显不符合教师主动发展的成长，教师缺乏自主意识和行动，缺乏个性的呈现。教师的成长应该是一种内在的自我成长和超越，教师在成长过程中，通过职业生涯规划，所要获得的便是实现自己、不断生成。教师职业生涯规划强调内在成长，既是不断生成的过程，同时也是一种回归。无论教师做怎样的成长规划，最终都将回归到教师个人的教育实践中，回归到课堂教学中教师教什么、如何教的问题上，回归到教师的教育理念、实践方式、知识结构、教学技能等问题。教师的职业生涯规划必须基于现实、基于过去，教师职业生涯规划既要包含教师教育教学的知识、能力等方面的内容，更要包含教师在职业理想、专业技能以及人生境界等方面的提升与追求，把理想与现实、过去与现在、现在与将来进行不断整合。只有这样的职业生涯规划，才能促使教师正视自己的成长希望，才能实现教师自主发展行为，在这个过程中教师才能不断创新，成为一名不断超越自己的创新型教师。

（2）增强教师培训实效。培训确保教师能紧跟时代要求，提高教师整体素质和创新能力，帮助教师应对改革挑战的有效手段。目前教师参加的培训为教师的成长和发展提供了机会，但由于大多数的培训设定统一的培训目标、培训内容、培训方式，培训效果并不尽如人意。教师发展和成长面对的是具体的个人，是普通的个性，所以教师培训应该关注教师个体的具体情况，在培训的内容和形式上应对教师的个性化需求和反馈做出针对性回应。教师培训应该积极主动、灵活多样，提高培训实效。培训内容要充实丰富、实际有效，不搞形式主义；培训形式要灵活多样，注重设计多样化的培养形式，注重教师发展的差异性，为教师营造广阔的提升空间；培训方式应该不断更新，尤其是在当下信息时代，教学手段的变革对教师的素质提出新的要求，掌握多媒体设备教学与网络教学成为基本要求；培训制度应不断优化完善，形成科学合理的培训工作体系，使培训切实提高教师的整体素质而不是教师的负担。此外，我们可以借鉴国外教师发展中的多种形式。国外教师发展中拥有多种多样的贴合个人实际的培训形式，如个人咨询与指导、讲座、专业咨询、工作坊、同伴指导、教学工作小组、同伴支持计划、同行评论、合作研究等形式。教师的发展需要以及成长需要是因人而异的，国外在教师发展中尤其注重从教师个人的实际需求出发选择符合他们需求的培养形式，这有助于提高教师培养的成效。其中，工作坊是比较常见并且非常有效的一种教师发展方式。工作坊具有以下一些特点：

第一，规模一般都比较小，这样每个参加工作坊的教师都能深度投入，使教师之间的沟通比较充分、反馈比较及时，使参与的教师感受真实、体验深刻。

第二，工作坊的实践操作性比较强，有利于教师进行实践性学习。

第三，工作坊的时间通常比较短，主题比较鲜明与突出，时间大都控制在90到120分钟一次，每次都围绕着集中解决某一个比较具体的问题，这样往往能收到比较好的学习效果。

第四，工作坊一般会采用小组分工、合作与对话等形式，这有利于教师之间彼此学习，从而充分从对方身上汲取营养。

第五，工作坊的任务、问题或话题都是事先经过精心筛选的，通常都和教师现实的教育教学实践问题密切相关，能够充分调动教师的兴趣和参与欲望，对教师比较具有吸引力。可以在教师的各项培养活动中采用工作坊的形式，改变单一、枯燥的专家授课形式。

（3）提升教师的自我生命意识。国内学者叶澜也曾论述道："教育具有鲜明的生命性，在一定意义上，教育是直面人的生命、通过人的生命、为了人的生命质量的提高而行的社会活动，是以人为本的社会中最体现生命关怀的一种事业。"教育以促进生命发展为目标，就是要促进个体生命的自由成长，促进生命创造性地、个性化地发展。教师是作为人的教师和作为教师的人的统一体。创新型教师开展教育工作的基本方式是在促进学生生命发展的同时也完善自身生命发展。对自我的认可，对生命价值实现的追求，是教师个人成长的更高层次目标。教师的自我生命意识能够帮助教师明确自身的专业地位，从而有意识地、自主地进行专业发展的规划，有助于教师在学校中找到自己的定位，在自己的发展中促进学习。提升教师自我生命意识，可以提高教师的自主发展意识，促进教师自我超越成为一名创新型教师。

教师自我生命意识的提升首先要激发教师的内在动机，重塑教师的价值观，使其有强烈的自我价值实现的欲望。自我价值的实现是创新性教师成长的内在动力。教师在职业中的自我实现能让该教师感觉到幸福。人生幸福感可以有很多来源，激发教师专业发展的内在动机，需要让教师感到幸福感来自他的教育工作。要全方位地理解教师专业发展，就不能单纯以外在指标来衡量其发展水平高低，内在动机不仅帮助教师实现生命价值，还为教师实现更高层次的价值提供源源不断的动力，这本身能够促使教师进行自我评价，进一步提升自我意识。

其次，提升教师自我专业发展的意识。教师专业发展无法靠外界力量来得到深层次发展，教师的发展由内因决定，因为外因无法促成质变。只有教师拥有了自我专业发展的意识，教师才能获得专业发展的主动性，才会有深层次的目标追求，即对生命价值实现的追求，这会给教师专业发展带来更广阔的空间。具备自我发展意识的教师，是育人育己的教师，是会自我完善的教师。

再次，自主学习、自我超越。自主学习，本质是对事业责任的一种担当。创新型教师是引领学生面对时代大潮的教师，要有终身学习的思想准备，随时保持对自我进行超越的心态。只有自主学习、自我超越，才能发现自身的问题，解决自身的问题，不断提高自身的追求，不断实现自身的追求，最终实现人生价值。

最后，创新型教师是时代发展所需。创新型教师是实施创新教育的关键、是培养创新型人才的关键。创新型教师作为教师队伍中的创新型人才，具有创新型人才所应具有的核心特征，同时创新型教师作为教师中的高素质教师，具有高素质教师应该具有的专业特征。因此，创新型教师的素质是复杂的，是各种素质特征的集合体。创新型教师由于其素质的独特性，其成长也有不同于一般教师的特殊性，是创新型人才成长与教师成长的统一过程。正是因为其素质和成长的特殊性使得创新型教师具有了独特性。研究其素质特征和成长规律能丰富创新型人才和教师的研究成果，更重要的是有利于创新型人才的培养。

第 六 章

核心素养下高中数学课堂
教学的反思

第一节　核心素养培养与高考改革

核心素养仿佛在一夜之间占据了教育界的大大小小的头条，出现在全国教育会议上。教育者们纷纷开始对核心素养进行探讨。新的高考改革，新的基础教育课程改革，促使课程理念、教育模式、教学方法都面临新转型，而这次转型，离不开核心素养这个关键问题。

高考改革早已急不可待，深入人心。在改革的大潮中，核心素养在这个时期应运而生，为的是搭乘这辆便车，成功深入教育的每一个角落，代替曾经以失败告终的素质教育改革。核心素养的概念并不是凭空捏造的，它有区别于其他的含义，我们所提倡的核心素养，是指学生能够具备终身学习发展的所有要求，以及在社会立足的必备品质，更强调个人素质的提升对社会的关爱程度，以及爱国爱家的情怀，能够自主地发展与社会合作，并且能够自己创造一片新的天地。

一、基于核心素养的高考改革

高考进行了改革，导致基础教育与高等教育的衔接出现了问题。高等院校在招生的时候，对选考科目做了特殊要求，这就要求参加高考的学生在高中入学阶段就要做慎重的选择。学生如何选择作为高考成绩上报的科目成了难题。大部分学生在高中学习期间并不知道什么样的科目适合自己，更不知道学习这些科目之后，对将来在高校选择方面会有什么影响。多年以来，素质教育难以在基础教育中生根发芽，教学模式得不到彻底的改革，课程改革深化步履维艰，其核心障碍就是高考指挥棒没有改变。改革使得高考的指挥棒发生了变化，所以就要求基础教育必须在教育观念、教育行为等方面进行改革。

　　高考改革不仅改变了高校的招生方式，影响了高中教学，同样也会对初中产生相应的影响，促使初中教学做出调整。当然，这个调整不是为了迎合高考，而是能够有自己独特的价值和特色，能够让学生更好地完成从初中到高中的跨越，积极面对高考。

　　当前社会更加重视人的创造能力、决策能力、学习能力、合作能力等。素质教育曾经是教育体制深化改革下的重要要求，但是由于应试教育的压迫，素质教育的成效一直不大。核心素养的提出，不仅是在素质教育基础上的进一步发展，也是社会发展过程中对个人素养以及个人能力的必然要求。

　　学业水平测试的实施对高中生来说，同样面临在学科选择上的困难。每个选择都有着深远的影响，"虽然大部分学生确定选考科目首要考虑学科兴趣和专长，然而从总体上看，仍有45.05%的学生以更高的分数、报考学校及就业前途作为确定选考科目的首要依据"。

　　难以解决的问题是学业评价测验是一个水平测试，为绝对评价，而高考一直以来是作为选拔考试的，为相对评价。所以，学业水平测试会不会增加难度来应对高考的难度，而一旦增加了难度，不仅会给相应学科教师带来更大的教学负担，而且也会违背学业水平测试作为绝对评价的初衷。新高考改革，高考所考查的科目发生变化。高考与高等院校的招生录取工作如何完美衔接也是改革面临的新问题。随着高考的改革，高校在招生时对录取的科目也有特殊要求和针对性。对于学生而言，如何正确地选择选考科目也是问题。学生在核心素养方面的教育又增加了一道屏障，学生又该如何选择自己真正喜欢的科目？学生并不知道什么样的科目适合自己，更不知道学习这些科目之后，对将来在高校选择方面会有什么样的影响。核心素养如果想穿插在应试教育的大旗下，就得摸清如何培养学生在各方面的兴趣。过去，素质教育难以在教育中生根发芽，教育模式创新得不到彻底的改革，课程改革深化步履艰辛，其核心障碍就是日益强调的高考指挥棒并没有改变。此次高考的指挥棒发生了变化，所以基础院校必须能够在教育思路以及教育行为等方面进行改革。高考改革不仅改变了高校的招生计划，同样作为承上启下的初中也必须相应地做出调整。调整不是为了迎合高考，是能够有自己独特的价值和特色，能够让学生更好地从初中到高中有所跨越，积极地面对中考和高考，中学一向提倡的素质教育如今也在这里发挥了重要作用。

第一，现状满足不了的，我们需要通过改革来实现。大体制下，中学教育如何突破自我成为一个话题一直在讨论，是不是应试教育不变，教育方式就不会改变。第二，改革的目标总是往好的方向发展，一个具有积极性和前进性的过程是实践的意义。新高考改革会使基础教育再次迎来春天。第三，这里所提倡的改革和发展，都不能离开其本质，所谓教育的最高境界就是不忘初心，不断地回到本源，就是以学生为主体，为学生谋发展。第四，深化改革的最终目的是让学生能够得到自身发展，所以改革和其自身承受者有很大的关联，让学生在改革中找到最适合自身的发展方向是关键。

高考改革中关于核心素养的问题。素质教育是当今教育体制深化改革下的一个重要要求，核心素养的提出，不仅使素质教育得到完善，也是在社会发展过程中对个人素养及个人能力的一个必然要求。在市场经济进程中，人们面临的是自由竞争、优胜劣汰的社会环境，社会对人的要求进入了重视个人素质、强调个人能力的发展阶段。中学曾经倡导素质教育，所以对于初中来说开展核心素养教育并不陌生。而这一改变，是对教育面向未来的一条必经之路。对于以往的素质教育和教育模式，教师熟悉却很少涉及，学生更是不理解其中的含义。从提倡素质教育以来，一直不见成效，其主要原因就是应试教育的压迫。面对考试和教师以及学校的压力，学生并没有太多的自主性。教师也几乎没有机会向学生传达素质教育的思想。

在未来教育大众化的发展趋势下，根据社会经济结构和社会需求的变化，以及对教育评价体系的改革等方面的分析基础上，应该学习世界各国对于高考改革的模式和发展情况。高考制度是我国教育的一项基本制度，中华人民共和国成立以来，根据国情和教育发展的需要，在实践中不断探索、发展和完善！这样做的好处有两点：第一，我国能够学习世界各国的教育模式，积极发展我国教育事业；第二，可以使得考试的形式、内容以及考试的标准变得多种多样。

二、高考改革中培养目标及应对策略

1. 培养目标

（1）教育培养目标。关于有中国特色的基础教育，我们一直在思考以下问题：第一，我国是文化大国，那么学生能否通过基础教育很好地继承中华传统文化？第二，在学习理论知识的同时，学生的创新精神以及实践能力是否得到良好发展？第三，学生的学业成绩达标是否就能具备达到将来社会要求的能力？第四，也是最重要的一点，就是学生的身心健康。学生能否通过选择自己喜爱的科目，培养广泛的兴趣爱好以及发展个人特长等。

（2）高考改革后的课程培养目标。针对以上问题，此次基础教育课程改革确定全面的培养目标如下：

① 心理健康和主体发展学习领域……

② 侧重于自立精神的培养艺术审美和休闲健身学习领域……

③ 侧重于自立精神的培养人与自然和人与社会学习领域……

④ 侧重于共生意识的培养科学知识和科学技能学习领域……

⑤ 侧重于科学态度的培养中华文化和民族思想学习领域……

⑥ 侧重于人文情怀的培养（民族精神）西方文化和国际交流学习领域……

⑦ 侧重于人文情怀的培养（世界眼光）社会实践和社团活动学习领域……

⑧ 侧重于领袖气质的培养活动评比和学科竞赛学习领域……

⑨ 侧重于爱好特长的培养……

下面给出基于基础教育课程改革对科学素养的要求，结合高考改革新形势的高中教学应对策略建议。首先，要更新教育理念，提前做好心理准备，确保教学模式变教为学的顺利转变。其次，面对新高考改革，要引导学生明确自身的爱好和特长。最后，改变以往教学中学生总是被动接受的情况，调动学生的主观能动性，凸显学生在教学过程中的主体地位。

2. 应对策略

（1）在学生层面。高考改革和课程内容的双重变化，要求学生在中学时期就应该定位自己未来的发展方向。人们普遍认为，尽管有家长和教师的帮助，但是让16岁左右的中学生合理准确地规划人生实在是勉为其难，这对学生、家长和教师的要求其实是相当高的，这也是本次高考改革最为大家诟病的地方。

（2）在教师层面。教师的职业角色也在发生改变。以前的教师，被比喻成蜡烛、春蚕，教师担当的角色更多的是知识的传授者。课程改革与高考改革之后，教师更像学生的导师，教师在学生选课时，应给予相应的帮助，在了解学生的学习情况和能力状况的前提下指导学生选课。

（3）在学校层面。本次高考改革，对中学教学的影响将是深远的。学生自主选择课程的走班制教学，将会导致行政班与教学班的分离，这将大大增加学校的教学管理难度，而走班制加分层教学策略也会增加教学资源的需求。这就要求学校既要准备好场地条件，又要做好教师和人员的配置。并且应该定期对高二学生进行选课模拟，以模拟的结果进行对照分析，统计学生在此期间学习的状况以及学生的心理变化。

三、核心素养要求下的高考复习策略

核心素养背景下，高考的考查方式和目的发生了变化，高考命题思路和特点也对应产生了变化。基于此，高中数学的教学和复习方式也需要更加注重学生的综合应用能力。高考对于高中生具有重要意义，毕竟是决定其未来深造机会的关键考试，为了更好地应对高考，考出更好的成绩，教师需要从分析和总结高考命题趋势出发，重点培养学生综合应用所学知识的能力，以高考真题练习和分析为具体手段，通过综合方式来制定高中数学复习策略，让高中生更有信心应对高考。复习是高中生高考之前最重要的教学活动，大部分学校会设置好几轮复习规划，复习的目的是巩固高中生所学知识，从心态上能够更加适应高考氛围，了解和掌握高考的一些基本要求和特点，从而在最终的正式高考中取得较好的成绩，顺利升入高等院校深造。复习，也是要讲究策略的，而复习策略制定最有效的导向就是高考，具体的策略可以从如下几个方面入手。

1. 分析和总结高考命题趋势——前提

高考是变化的，但是这种变化是有规律的，是可以进行分析和预测的。复习规划的制定，复习策略的确定，必须以高考为导向，通过分析和总结高考命题趋势的变化，来确定对应的复习规划和策略，这是一个很重要的前提。这项工作通常是由高中数学教师和教研组进行的，毕竟这些教师既有一线工作经验，又有研究分析的能力，他们对高考命题趋势进行分析和总结之后，就可以将其融入具体的复习过程当中，了解趋势，把握趋势，就可以更好地安排复习规划和策略。

实际上，高考命题趋势发展，与核心素养培养是密切关联的，从近年来的高考命题趋势看，现在高考命题趋势有如下特征，并且都体现着核心素养。

特征一：注重考查学生探究能力。高考中的数学应用题型明显增加，这些应用题重点考查的是学生能否发现和总结一些隐含的信息和知识点，并且灵活运用知识。这是一种发展性能力考查要求，也是符合当下教育要培养学生的创造性的要求。

特征二：注重综合应用能力考查。高考数学题目的设计越来越注重和实践的联系，而非单一的某个知识点考查，这就需要学生综合应用自己所学习和掌握的数学知识，先对试题中的条件和问题进行提取，然后进行分析，从而得出正确的结论。如果学生不能够灵活综合应用所掌握的数学知识，不能将书本知识和实践应用联系起来的话，就很难顺利解答问题。这种综合应用能力的基础，实际上就是核心素养"理性思维"的体现，理性思维讲究逻辑，注重事物之间本质的联系，只有认识到这点，才能够真正对所学知识好好运用。

特征三：热点化和多元化命题特点。高考数学题目的背景材料经常会跟其他的社会热点问题联系在一起，呈现跨学科和跨领域的特点，它可能会与环保、教育、科技，甚至政治经济的热点问题综合在一起出题。之所以要跟社会热点联系，主要还是为了培养学生的"社会责任感"，这也是核心素养的要求之一。高中数学一道题目考查多个知识点，可能涉及必修和选修，并且还考查这些知识点之间的联系和综合创新运用。

总而言之，深入了解和准确判断高考命题趋势，就等于有了复习策略的方向与指南。

2. 培养学生综合应用能力——根基

对学生综合应用能力的考查，是数学高考试题一个最为明显的趋势和特点，实际上，这也是应试教育逐步向素质教育、创新教育转变的一个趋势。曾经在相当长的一段时间里，高考数学考试偏重知识点的考查，然而随着教育观念的发展以及社会的进步，数学科目的高考越来越重视综合应用能力的考查。也就是说，要想在数学高考中有更好的表现，最为关键的基础能力培养就是高中生的综合应用能力培养，这一点，从前文对于高考命题趋势分析中也可以看出一些端倪。高中生如果能够拥有良好的综合应用能力，那么面对高考数学题目的时候，就可以做到有底气，这就是根基。

培养综合应用能力的第一步是数学基础知识的掌握。如果把高考数学题目解答比作盖一座房子，那么基础知识就是砖瓦木料等原材料，如果对原材料都不熟悉，要想达到得心应手的应用水平恐怕有点难度。有些高中生有个错误的观念，认为数学作为具有理科特点的学科，记忆一些基础知识没有必要，实则不然，只有对基础知识非常熟练的前提下，才能够在应用的时候第一时间就找到所需要的知识。教学实践表明：数学考试成绩优秀的高中生，在基础知识的记忆和掌握程度上，也是非常牢固和熟练的。

培养综合应用能力的第二步是对数学运用的重视。在高考命题中，数学知识运用也是一个重要的内容考查板块。因此，在高考复习策略中，实验是必须要高度重视的。此外，教师还可以结合社会热点来训练学生的综合应用能力，让学生养成用数学知识去分析解决现实数学问题的思维习惯，这也是一种有效的训练。

3. 真题训练与分析——手段

题海战术未必有用，但是在高考复习中，真题训练和分析则是一种非常有效的复习手段。因为历年高考真题，尤其是本地考试所用试卷的真题，借鉴意义很大。这是因为：第一，高考真题是由高考出题者经过反复讨论而确定的，这些出题者都是教育教学专家，每一套高考试题都必须经过严格筛选，反复论证和检验，才最终确定，所以每一套高考试题都综合体现了高考的要求；第二，高考真题作为已经用过的试题，其选题角度、知识点、答题思路和标准，都已经比较清晰，了解这些内容，对高中生的高考复习有很好的借鉴价值。高中数学教师拿到真题，既要深入挖进去研究每一道题目的解答和知识点，更要跳出来站在更高的角度去分析出题者的意图、思路，这样才可以更好地挖掘真题的价值。

对高中生来说，在高考之前，采用模拟的方式做三套左右真题，一方面有利于适应高考考试氛围，从心态上更好地适应高考；另一方面可以了解在哪些方面还存在知识点盲区和薄弱点，有利于查漏补缺。作为数学教师，通过真题训练，既可以了解学生的整体水平，也可以通过对学生解答真题的具体情况进行分析，了解学生究竟哪方面掌握得比较好，哪方面还存在一些问题，以及某些学生在某些问题上还有比较严重的不足。了解这些情况之后，教师就可以更有针对性地制订一些专题复习计划，还可以对某些学生进行个别的针对性复习规划指点，这样的提升效果非常显著。

　　高考复习，必须要高度重视真题训练，而且还要进行针对性分析，以此来调整复习策略，加强复习规划的针对性，提升复习效果。

　　高考，依旧是高中生升学最主流、最重要的途径之一。以高考为导向，进行高中数学复习策略的探讨与制定，不仅是现实的，而且也是效果最为明显的。基于高考导向，了解命题趋势，重视真题训练，加强高中生综合应用能力的培养，就可以让高中数学复习更有针对性，更有效果。

第二节　对高中数学课堂教学中核心素养培养的未来发展思考

一、重视数学文化教学

核心素养和人文气息并不是冲突的，在数学核心素养培养中，同时也必须重视文化教学。随着对数学教育与教学认识的加深，现代教育学观点认为数学教学不应该仅仅局限于计算和解题的技巧，更重要的在于培养学生的数学核心素质。要想培养高中生的数学核心素质，就必须重视文化教学。在高中数学课堂教学中，如果合理渗透数学文化，不仅能够提高学生的兴趣活力，从而提高数学成绩，而且还能够让数学课堂充满人文气息，让学生真正领略数学的文化之美。

1. 问题的提出——高中数学为什么要重视文化教学

在高中数学教学中，很多师生都可能遇到过这样的问题——数学课堂教学枯燥无味，尽管数学教师尽心尽力在课堂上教授数学知识，但是学生就是提不起学习兴趣。很多学生虽然也在学习数学知识，但是属于一种被动的数学解题技巧训练，根本不是出于对数学的喜爱。教师为了让学生在高考中取得更好的数学成绩，进行题海作战，让学生反反复复记忆和训练数学题目和解题方法。在这样的学习背景之下，学生的数学文化和素质实际上是没有得到真正提高的。很多学生在应付完数学考试之后，基本上就不再去碰数学书，甚至有些学生还会对数学形成一种心理排斥，看到数学题目就不愿意去思考。针对这个问题，我曾经做过一个小调查，调查是匿名的，调查的对象是我们学校的高中生，其中大部分是我的学生，调查的内容比较简单，是四个选择题，具体是：

问题一：如果高考取消数学考试，你支持么？　　A. 支持　　B. 不支持

问题二：你认为数学学了有实际价值么？　　A. 有　　B. 没有

问题三：你认为高中数学学习有趣么？　　A. 有　　B. 没有

问题四：如果不考数学，你愿意学数学么？　　A. 愿意　　B. 不愿意

尽管调查的对象范围较小，但是调查的结果非常不理想，调查的结果有超过90%的学生支持高考取消数学考试，有70%左右的学生认为数学学习没有实际价值，超过95%的学生认为数学学习是无趣的，还有如果在不考试数学的前提下，仅有不到10%的学生愿意学数学。

作为高中数学教师，我认为上述调查是一个尴尬的结果，这证明大部分高中生并不愿意学数学，而是由于高考不得不学数学，并且他们认为数学是无趣的。我通过查询资料了解到，尽管中国学生大部分时候数学学习成绩比国外同龄人普遍要好，但是一旦进入数学研究领域，中国学生的弱点就暴露出来了，很少有学生能够成长为著名的数学家，究其原因，就是因为中国数学过于偏重解题技巧训练，而忽视了数学文化的教学。正是由于缺乏数学文化的学习，很多学生在进入数学研究之后，就会呈现出明显的数学文化知识不足，从而无法取得更高的成就。

数学是培养人理性逻辑思维的重要基础性学科，通过上述情况可以看出，在高中数学教学中，数学文化教学的欠缺，使得学生对数学教学缺乏兴趣，并且影响到了学生以后的长远发展。因此，基于这个情况，我认为，《新课标》中对数学核心素质培养的重视，以及要求对数学文化教学的意识的加强，是很有必要的。

2. 问题的分析——数学文化对于数学教学的价值

在上文中有一个调查，这个调查暴露出高中数学教学中，学生对于数学学习的一种心态，那就是学习数学更多是为了升学，而不是出于喜爱或者兴趣，更谈不上研究的需要。如果任由这种情况发展下去，高中数学教学就会依旧无法跳出应试教育的窠臼，一方面导致在高中数学教学中无法真正渗透和推行素质教育；另一方面无法更好地培养高中生的数学核心素养。这对高中数学教育教学是非常不利的。

之所以在高中数学教学中要重视数学文化，是因为数学文化对于高中数学

具有非常大的影响和价值。

首先，高中数学文化对于高中数学成绩的提高有影响。数学文化对于高中数学成绩提高的影响不是直接的，而是间接的。根据我的高中数学课堂教学经验总结和分析，在高中数学课堂教学中渗透数学文化，可以较好地吸引学生的兴趣，提高课堂教学的活力，让原本略显枯燥的数学课堂变得有魅力，课堂教学效率大大提高，学生的数学成绩自然也就提高了。高中数学教学中，成绩与升学是无法回避的问题，如果在教学中渗透数学文化能够提高成绩，帮助高中生在升学方面赢得更多的优势，自然能够受到更多的肯定与支持。在教学工作中，我做过相关的统计，在我有意识在课堂教学中渗透数学文化之后，所教班级学生的数学成绩有明显的提升，对一些数学成绩中下等的学生，提升的效果尤为明显。

其次，数学文化对于高中生未来的发展有长远价值。数学文化的范围较广，可以说一切有关数学的知识都可以算成是数学文化，如数学发展史、数学家成长经历、著名数学题的解法、数学基本知识等。数学素质和思维对于一个人的成长是很有价值的，数学文化的丰富性，可以让高中生接触到一个更广阔的数学世界，从而培养出合适的数学思维，这对于以后的发展极有好处。我有一个学生，平时对数学不感兴趣，但是对于网络游戏很感兴趣。后来我跟他单独聊过几次，告诉他很多网络游戏的设计都需要涉及数学，并且给他举了一些计算机专家都是数学知识非常丰富的例子。慢慢地，他对计算机数学产生了兴趣，并且自己开始学着编程等，数学成绩也明显提升了，最终考上了大学计算机专业。这个学生本来由于数学成绩拖后腿是无法考上大学的，就是因为了解了数学文化，逐渐改变观念，从而改变了人生轨迹。数学文化的内涵丰富，任何一个数学文化内容，都可能影响一个学生人生的长远发展，因此在课堂教学中，积极渗透数学文化，引导高中生接触和了解更多的数学文化是很有必要的。

综上所述，数学文化对于高中数学教学最直接的价值就是提高学生数学学习成绩，间接的长远价值是培养学生的数学核心素质，对他们未来的长远发展有利。

3. 发展与建议——在高中数学教学中如何渗透数学文化

通过上述分析，可以看出数学文化对于高中数学教学有着积极的意义，但是如何在高中数学教学中渗透数学文化方面的内容，则是一个非常关键的问题。根据我个人的经验，认为可以从以下两个方面着手。

第一方面：大量收集数学故事并针对数学文化教学需要进行加工。

如何让高中生迅速被数学文化吸引，从而投入数学知识的学习中去？我认为最好的方法就是数学故事，在数学发展史上，不管是经典论证，还是数学家等，都有许许多多的故事，作为数学老师，我有意识地收集这些故事，然后从中挑选出一两个适合当天教学内容的数学故事，短小（一般故事时间长度控制在3分钟以内），或者有趣味，或者有深度。例如说诺贝尔为什么不设数学奖？法国的埃菲尔铁塔建设过程中，数百万螺丝配件都是一次性设计生产好的，既没有修改，也没有增减，这就是数学的功劳……

收集数学故事，就是领略数学文化的过程，加工成高中生愿意听的故事，目的就是让他们了解数学文化，从而产生兴趣，这种效果比灌输教学要好太多。

第二方面：培养个人的幽默语言能力和习惯。

别以为数学老师就不需要幽默，在很多时候，我们都有一种错觉，认为数学是严谨的理性的科学，因此数学教学就不需要幽默。实际上，在现实的高中数学教学中，幽默的数学老师更受欢迎，而且学生的成绩会更好。在学习指数函数的时候，我选择这样导入新课："现在社会找对象挺难的，不少女方家长彩礼要求挺高。我一个朋友，去见女方家长的时候，未来的岳父说：'小伙子，想娶我女儿我也不为难你，我给你提一个要求，从下个月1号起，你第一天给我一分钱，第二天给我两分钱，第三天给我4分钱……以此类推，每天给的钱都是头一天的两倍，给满一个月，就让你娶我女儿，你同意不？'同学们，你们说应该同意不？如果是你的话，同意不？为什么？（说出你们的理由）"

通过这样的方式，很快引发学生的讨论，有些人说同意，有些人说不同意，从而迅速吸引了学生的注意力，接下来的指数函数教学内容就能够很顺利进行了。

在高中数学教学中，数学文化的价值在某种意义上，甚至要比数学解题方法和技巧更加重要，如果能够引导高中生对数学文化产生兴趣，则不仅可以增加学生学习数学的主动性，从而提高数学成绩，而且还有利于培养学生的数学核心素养，为长远发展奠基。

二、真实性教学活动

新一轮基础教育课程改革正在稳步推进，革新的教师相信，仅仅满足于改革的口号是无济于事的，唯有观念变了，行动才会变；行动变了，课堂才会变；课堂变了，改革目标才能得以贯彻落实。

当今时代，一个人是否拥有核心素养是左右其未来发展的重要因素。核心素养是学习者在同他者对话过程中，使用技术，寻求直面问题的解决方略，从而产生知识的能力。这种能力新在哪里？一是强调信息技术的运用；二是突出知识的创造与革新；三是重视共创性对话能力。这种学力不是少数优秀学生的垄断品，而是每一个学生都可能形成的21世纪型学力。核心素养区别于应试学力的最大特质就在于真实性。真实性是核心素养的精髓。

1. 真实性学力

学习科学描述的21世纪型学力必须是终身能够持续地传承、分享乃至创造文化的知识建构型学力。立足于建构主义的学习观，培育核心素养的教学设计不是碎片化知识的记忆与再现，而是重视现实问题的探究或者问题解决。

今日所谓教育的成功，不再是文本知识的再生产，而是运用既有知识准确地迁移，进而把知识运用于新的情境之中。教育家纽曼（F.M.Newmann）等人把这种能动的学力，界定为真实性学力。这里所谓的真实性，不是既有知识的再现，而是新知识的生产；不是知识的记忆，而是基于先行知识的学术探究；不是学校中封闭的知识成果，而是具有"超越学校价值"的知识成果。所以，这种学力不是碎片化知识的堆积，而是指问题解决所必需的，以思考力、判断力、表达力为中心的学力，归根结底是一种兼具"知者不惑、仁者不忧、勇者不惧"气魄的生存能力。基于核心素养的教学设计，就是以这种直面现实世界的真实性学力的形成作为具体目标与内容选择标准的。这种标准可以归纳为下述三个条件。

第一个条件，保持习得功能与活用功能的平衡。传统学校教育在重视习得的学力观与重视活用的学力观之间摇摆，因此习得功能与活用功能是彼此割裂的。未来学校教育期许的是消解两种学力观的排他性对立关系，把两者整合为立足于第三种学力观的学校改革。

第二个条件，培育驾驭自己学习的元认知能力。这种认知能力可以比喻为汽车的两个轮子：左轮为习得功能，右轮为活用功能，驾驭两个轮子的就是元认知。这种驾驭意味着，学校中习得的知识与日常生活中积累的知识得以链接。借助这种元认知的作用，知识的应用便成为可能。不过，在学校习得的学校知识大多是解答良构问题，即有标准答案、明确界定解决方法的问题。相反，日常生活中遇到的许多问题是劣构问题，即没有标准答案、不能明确界定解决方法的问题。因此，培育元认知能力是同培育运用能力息息相关的。另外，借助元认知能力的作用，能够把如何生存这一个性化的课题与为此应当学习什么这一社会化课题链接起来，这时的学习便指向自我实现、指向促进自我成长的自我形成活动。

第三个条件，培育终身学习的学习动机。真正的学习动机作为引擎，对于知识建构型学习的终身维系，是不可或缺的。其一，所谓真正的学习动机不是对浅层学习的兴趣，也不是一味听命于教师指令的被动学习态度，而是拥有对学习的真正兴趣与爱好，同时也感受到掌握新知识技能的喜悦与成就感。其二，即便没有教师的指令，也能凭借自身内心沸腾的内发动机，展开自律性学习活动。其三，这种自律性的学习态度能够在日常生活中最终定型为学习习惯。

2. 真实性学习

学校中的教学是借助教与学的交互作用而形成的。即便教师拼命地教了，倘若学生不学，教学终究是不会成功的。因此，真实性的学习必须是能动学习，必须实现从教到学的教学范式转型。

教育的目标、方法与评价应当是三位一体的，实现知识建构型的课堂教学设计需要满足以下三个条件：

（1）重视学习者中心的教学。传统教学的主要问题是"教师应当如何教"，教学的设计是由教师包办的。在21世纪的教学中，应当积极地纳入学生自身决定如何学习、学习什么的课题。

（2）重视真实性的教学。在真实性的教学中，学生挑战的课题，不是参考书和问题集的问题，这种问题大多是按照单元分类，寻求碎片化知识。要实现知识的综合化，就得有跨学科的、把多样的知识串联起来的学习。这是真实性学习的第一个要点。第二个要点是在有现实感的问题上下功夫。没有这种现实感，学生就不能动员自己拥有的力量，致力于问题的解决。

（3）协同式问题解决的教学。在真实性学习的课题中，学生相互切磋是十分重要的。在这种协同的问题解决中，个人与个人链接，形成学习共同体，在这种共同体中相互启发、彼此共鸣，从而使得个性进一步得到磨炼。

所谓学习，不是被动地记忆知识，而是通过能动地参与，解释信息、建构知识的过程。要有效地学习，就得基于学习者的既有知识来进行教学设计；要促进学习者的概念理解，就得给予反思知识状态的机会；学习者之间在共同体中的交互作用也是必要的。这样，基于情境的、可迁移的知识建构才有可能。在这里，支撑这种学习的教学环境设计极其重要。所谓教学环境，并不是单纯的学习准备与信息技术运用，而是教师支援学习者主体学习的场域。在种种条件制约之下的学校教育现场，应当考虑如下三个视点：

其一，自主学习。就是学生自身孜孜以求、锲而不舍的学习过程。在真实性教学中，学生应当有决定如何学习、学习什么的自主计划型学习课题。

其二，对话学习。就是直面真实问题的教学，是通过同他者的协同以及同外界的交互作用，拓展、加深自己见解的学习过程。真实性学习的第一个要点是，学生探讨的问题不是教科书、习题集出现的问题。学生在习得学科基础知识的同时，超越学科的框架，学会链接多样的知识，求得知识的整合。第二个要点是，有现实感的综合性问题。唯有能够感受到现实性，学生才能调动自身的能量，潜心投入问题的解决，这是同知识传递型教学截然不同的。当然，在真实性教学的场合，问题解决未必能够达成，倒是以未解决的问题居多。这是因为，在现实性问题的场合，不仅是知识技能的习得，更重要的是通过问题解决的体验，促进多样的知识整合。

其三，深度学习。这就是在习得、活用、探究的学习进程中，协同解决问题的学习过程。在真实性问题的学习中重视协同解决问题，即重视学生相互发表见解，通过对话讨论，锻炼思维，致力于问题解决的个体链接，形成学习共同体。

3.真实性评价

真实性教学需要真实性评价来支撑。教学与评价是密切关联的，好的评价应当具有洞察学生如何变化的能力。

教学倘若是单纯地以传递知识为目的，通过记忆再现的测验就可以完成。20世纪的教育评价就是基于旧的学习观与教育观的，学习即习得知识、教育即传递知识，以量化评价为中心。在选择题、填空题之类的纸笔测验中，只能片面地评价是否记住了传递的知识。但是教学目标不是单纯地记忆碎片化的知识，而是必须把学到的知识用于而后的种种问题解决之中。为了评价学到的知识是如何在实际中得到应用的，就得评价学习者旨在解决问题而展开的活动，诸如发表文章、表演、报告、发言等的表现。这样，在现实的状态与接近现实的状态中进行评价就变得非常重要了。这就是真实性评价的初衷。

所谓真实性评价就是学生在现实世界中实际直面的、进行真正的问题解决情境中，应当进行的质性评价的总称。它不同于以往以纸笔考试为中心的测定性评价，而代之以问题解决评价的评价观。就是说，不是"目标—实施—评价"之类的成果评价，而是在展开"过程+成果"的评价中倾向于把握学生的现实学力，根据多种多样的评价资料，实施真实性评价。

构成这种评价的三个要素是：观察，以某种方式观察学生知道什么、思考什么、会做什么；推测，推测学生的这些表现背后，认知过程是怎么起作用的；清晰，清晰地把握学生这些表现背后的认知过程本身的真实面貌。

综合这三个要素，作为决定下一步教学的判断材料。评价是起点站，不是终点站。教育评价不是对学生过去的最终判决，而是给予每一个学生的未来以希望与展望，给予他们踏上未知世界的勇气与自信。

自我国新一轮基础教育课程改革以来，各地中小学实施的档案袋评价，就是真实性评价的一个典型。这里针对我国评价体制的缺失与弊端，梳理一下需要在改革中更多关注的问题点：

（1）测定认知能力与非认知能力同等重要。确定21世纪型学力目标，支援学习的评价必须明确地传递所期望的学习性质，必须完整地显示通用的21世纪型知识与技能。

（2）测定过程与测定结果同等重要。21世纪型学力的要点在于，学科知识内容的整合、面对新情境的创造性运用的必要性。这就要求系统地运用学科知识内容，展开批判性思考、问题解决与课题分析。这样，学生就能够在磨炼自身能力的同时，理解所谓优质的学习。正确地把握过程与正确地把握信息，是同等重要的。

（3）学生思维的可视化。评价应当提供学生理解的手段与问题解决所使用的概念方略得以观察的手段，进而将学生的思维可视化，提供高品质的评价实践模型。

（4）评价数据为决策提供正确而可信的信息。倘若测量缺乏合理的正确性，在根据结果做出推论或者决策时，会有犯错误的危险。在评价改革中必须探索新的心理统计处理方法，使得评价能够为所有的评价利用者提供决策参考信息，或者提供可运用的反馈。来自评价的反馈，有助于理解学生成绩特征与妨碍学习进步的问题。

总之，知识建构型的教学决然不同于知识传递型教学。学生通过同学之间的双向知识传递，面向知识创造，持续地展开探究，即成为知识建构型学习的主人公，才是重要的。